Ernestine
écrit partout

DU MÊME AUTEUR

Anthologie de la Poésie Jardinière et primesautière tout à la fois, Le Fruit dans le vers éditeur, 2000.

La Brouette et les Deux Orphelines, correspondances sur le droit de prêt en bibliothèque, ill. Pascal Jousselin, Ivan Davy/Deleatur, 2000.

Glossaire du patois des Troglodytes-du-Dessous, illust. Quentin Faucompré, Deleatur, 2002.

Certains poèmes présents dans ce recueil figurent également dans *La Brouette et les Deux Orphelines* (le Printemps) ou l'*Anthologie de la Poésie Jardinière* (le Printemps, la pluie et les pommes de terre, Politain mais pas trop).

Ernestine Chasseboeuf

Ernestine écrit partout

volume 1 : 1999

Illustrations
Quentin Faucompré

Ginkgo
PARIS

Chers lecteurs,

C'est pas la peine de me chercher dans l'annuaire, j'ai rendu mon téléphone en janvier 1999. Je téléphonais pas souvent mais fallait quand même payer l'abonnement, ça revient moins cher d'aller chez les voisins, mais juste en cas d'urgence.

C'est cette année-là, en février, que je me suis remise à écrire des lettres et à recevoir des réponses. Comme ça, je vois le facteur plus souvent, on cause un peu. Voilà ma première lettre, c'était pour râler, évidemment.

Ernestine Chassebœuf *le 10 février 1999*
49320-Coutures

à Messieurs et Mesdames les pharmaciens
et ciennes de Brissac-Quincé

J'ai été bien surprise quand j'ai découvert hier samedi vers 6 heures du soir que la pharmacie de garde était à Beaulieu-sur-Layon. J'habite Coutures et je suis cliente depuis de longues années des pharmacies de Quincé-Brissac comme vous devez le savoir par l'adresse sur mes chèques postaux (ceux qu'ont des avions dessus), et je ne suis pas la seule de la commune à acheter mes remèdes chez vous. Est-ce que c'est bien normal de m'envoyer, moi qui habite à 10 km à l'est de Brissac, acheter mes médicaments à 15 km à l'ouest, ce qui fait 50 km aller et retour, sur des routes de campagne virageuses et mal entretenues ? J'ai mis 3 heures en tout avec la Minicomtesse*.

Et quand vous saurez que l'ancêtre de mon mari, Joseph-Marie Chassebœuf, a été assassiné par les royalistes le 19 septembre 1793 à la bataille du Pont-Barré à Beaulieu-sur-Layon, vous comprendrez pourquoi ça ne me fait pas bien plaisir de retourner là-bas, même pour y faire les commissions. De plus, le bourg est très moche et le rond-point devant l'église ridicule et pas pratique.

---

* La Minicomtesse, c'est une petite voiture que j'aime bien parce qu'avec une seule roue à l'avant elle ressemble à une brouette, mais la plupart du temps on la pousse pas, on monte dedans. C'était fabriqué à Angers, c'est là que je l'ai achetée.

Pour vous aider à choisir les pharmacies de garde avec lesquelles vous pourriez vous arranger, j'ai tracé sur le calendrier des Postes un cercle de 25 km de rayon autour de Coutures. Vous pourriez choisir pour les prochaines semaines Rou-Marson, j'y retournerais bien, c'est là que j'ai fait ma communion, ou Lué-en-Baugeois (l'église est minable, mais le charcutier fait des bonnes rillettes) ou Longué-Jumelles célèbre par son hippodrome.

En espérant que vous écouterez mes remarques, et souhaitant également tomber malade de préférence un jour ouvrable, je vous prie d'agréer Mesdames et Messieurs, pharmaciennes et ciens, l'expression de mes sentiments les plus bactéricides,

Ernestine Chasseboeuf

PS : Vendez-vous du bicarbonate d'ammonium, du lactosérum en poudre, de l'émulsifiant, de la lecithine de soja, de l'amidon de maïs, de l'antioxygène ? (C'est pour faire un gâteau.)

Madame Ernestine Chassebœuf *le 5 mars 1999*
49320 Coutures

à M. Belin, chez M. Lu,
chez M. Gervais Danone,
Avenue Ambroise-Croizat
91130 Ris-Orangis

Monsieur,

J'ai beaucoup aimé vos biscuits « Feuilleté doré », que j'ai achetés hier à l'épicerie de Coutures. En principe j'en achète jamais, je préfère les fabriquer moi-même avec la recette que m'a confiée ma grand-mère sur son lit de mort en 1932. La vôtre, de recette, je l'ai trouvée sur le dessus du paquet et ça m'a paru très simple : 100 % pur beurre. Aussi facile, ça m'a même semblé louche mais j'ai aussitôt essayé. Ç'a été vite fait, j'avais des petits moules qui allaient très bien, mais j'ai eu un problème à la cuisson. J'avais mis le four à 6 pour obtenir le croustillant qui est très agréable. Malheureusement, ça s'est tout liquéfié et c'était imprésentable, on aurait dit du beurre fondu, j'ai tout mis à la poubelle et je peux vous dire que ça m'a fait deuil. C'est en retournant le paquet que j'ai pu voir (avec la loupe qui me sert pour le journal) une autre recette où on ne parle que de 20 % de beurre. J'ai eu mon certificat d'études en 1923 et je sais encore distinguer 20 % de 100 %, ce n'est pas la même chose. Mon petit-fils voudrait que j'avertisse les associations de consommateurs. Je préfère essayer d'abord la recette du dos du paquet. Malheureusement, je ne trouve pas les ingrédients chez le Relais des Mousquetaires. J'ai bien la farine de froment, le sucre, le sel, la levure, le beurre et les cacahuètes. J'ai trouvé le bicarbonate de sodium à la pharmacie de Saint-Mathurin, mais ils n'ont pas les autres produits. J'ai commandé le reste à Brissac il y a un mois et toujours pas de réponse. Pourriez-vous demander à votre pâtissier de m'envoyer tout ce qu'il faut en me mettant la note dans le paquet : je paierai tout ça au facteur, et je vous rembourserai les timbres.

Il me faut : du bicarbonate d'ammonium, du lactosérum en poudre, de l'émulsifiant, de la lécithine de soja, de l'amidon de maïs, de l'antioxygène, de l'extrait de romarin. Pour l'arôme ça ira, il me reste un peu d'eau de fleur d'oranger.

En espérant que vous voudrez bien satisfaire les dernières volontés d'une vieille femme qui pourrait être votre grand-mère, je vous prie d'agréer, Monsieur Belin, l'expression de mes sentiments les meilleurs,

Ernestine Veuve Chasseboeuf

Je leur avais fait le coup des dernières volontés histoire de les faire presser, ça les a pas impressionnés, ils m'ont jamais répondu.

Madame Ernestine Chasseboeuf *le 5 mars 1999*
49320 Coutures

à EURO'SUCRES
45944 ORLÉANS CEDEX 9

Monsieur Daddy,

J'ai acheté du sucre de chez vous pour faire des desserts à mon petit-fils, moi j'en prends plus, rapport à mon diabète. En regardant le paquet, j'ai eu la surprise de voir qu'on pouvait encore avoir des primes en découpant des bons sur les boîtes, ça m'a rappelé ma jeunesse quand je collectionnais les bons du Planteur de Caïffa pour avoir toutes sortes d'affaires. J'ai eu un service à café (625 points) et même une année un carillon Westminster qui jouait un morceau des cloches de Corneville tous les quarts d'heure et même la nuit. C'est à ce propos que je vous écris, mon carillon ne sonne plus, il s'est arrêté le jour de la mort de mon pauvre mari, c'était un signe, j'ai pas voulu le faire réparer. J'ai plus l'heure à la maison que sur le vieux réveil de ma chambre qui avance de 20 mn par jour, c'est pas très pratique, j'aimerais bien avoir l'heure dans la cuisine. Votre horloge à 95 Francs plus 9 points me conviendrait bien, surtout avec son décor en sucre qui doit être très joli. Malheureusement, il n'y a pas de points sur les sucrettes et avec mon diabète j'ai compté qu'il me faudrait 9 ans pour avoir les 9 points et la date limite c'est fin 99. En plus, 95 Francs, c'est une somme ! Je vous propose de me l'envoyer gratuitement, en échange je veux bien vous faire de la réclame avec des autocollants sur ma voiture sans permis. Je ne roule que sur des petites routes où on ne peut pas dépasser, les gens derrière auraient le temps de bien les lire. Je vous propose ça, mais vous ferez bien comme vous voudrez.

Sincères salutations

Ernestine Chasseboeuf

PS encore : Ma voisine, qui a lu la lettre, me dit qu'il y a les mêmes pendules à 20 Francs chez Gifi. Enfin, 20 Francs c'est 20 Francs, je maintiens ma demande gratuite, merci d'avance.

Madame Ernestine Chassebœuf le 10 mars 1999
49320 Coutures

à Mr. le Directeur des chèques postaux
Centre de Nantes

Monsieur,

Vous m'avez envoyé un carnet de chèques qui ne m'a pas fait plaisir. Je ne vous ai jamais écrit parce que je n'ai jamais eu de problèmes avec vous depuis 1937 quand mon pauvre mari a ouvert le compte pour les mensualités de la Citroën. C'était sans doute pas vous le Directeur à cette époque, c'est si vieux, c'était plutôt votre père ou votre grand-père. Vous avez fait des innovations qui ne sont pas très jolies. J'ai encore un carnet pas fini plein de bouts de dessins, des Lucky Lukes et toutes ces bêtises que j'y comprends rien, mais enfin il y a de la place pour écrire, ça va encore. Avec le dernier que vous avez envoyé (je me demande bien comment vous avez su que j'ai presque fini l'autre. je sais pas comment je vais faire, il y a pas de place pour écrire, il y a des avions partout, comme ceux qu'on voyait passer dans ma jeunesse pour le miting des sept jours d'Angers, mais c'est pas pratique, on sait plus où écrire la somme en lettres et signer.

Si je vous écris, c'est pour vous demander un service, si vous pourriez me faire un carnet comme on avait au début, vous demanderez à votre père, ils étaient bleu clair et bien plus grands que maintenant, comme j'ai la cataracte et un peu d'arthrose aux poignets, j'aime mieux quand il y a davantage de place pour écrire. Pendant que vous y êtes, mettez aussi des grandes enveloppes, les grands chèques rentreront jamais dans les petites enveloppes.

Sans vous commander, c'est un peu pressé parce que mon carillon Westminster est en panne et je voudrais acheter une pendule à Gifi pendant la promo.

Faites pour le mieux, je compte sur vous,

Ernestine Chasseboeuf

Madame Ernestine Chasseboeuf *le 18 mars 1999*
49320 Coutures

à M. Scipion, des mots-croisés
du *Canard enchaîné*

Monsieur,

Je vous écris pour avoir des renseignements sur vos mots croisés numéro 348. J'ai commencé à faire des mots fléchés quand j'ai eu ma phlébite parce que fallait pas que je bouge. Depuis, je me suis mise aux mots croisés, j'arrive à faire ceux de *Pomme d'Api* en moins de deux heures. Je suis tombée par hasard sur le *Canard enchaîné* dans les ouatères de mon petit-fils et comme la politique j'y comprends rien, j'ai regardé les mots croisés. Eh bien dites donc, ils sont pas faciles ! Quand je suis sortie des ouatères j'avais trouvé que deux S et encore c'était le même, au 1 vertical et au I horizontal. Deux jours après, j'avais trouvé RHINOCEROS pour « bêtes à corne ». En plus c'était pas ça, sur les solutions j'ai vu que c'était ÉTHIOPIENS et c'est pour ça que je vous écris. Quand j'allais au cinéma à la Jeanne-d'Arc de Botz-en-Mauges, on voyait un Éthiopien aux actualités, c'était le Négus, et autant que je m'en souvienne il était plutôt malin. J'ai vu sur ma géographie Vidal de la Blache du certificat d'études que c'était la corne de l'Afrique, d'accord pour la corne, mais pourquoi vous dites qu'ils sont bêtes ?

Pendant que je vous tiens, je vous demande si vous pourriez pas en faire des plus faciles pour le troisième âge comme moi, et en plus les mettre

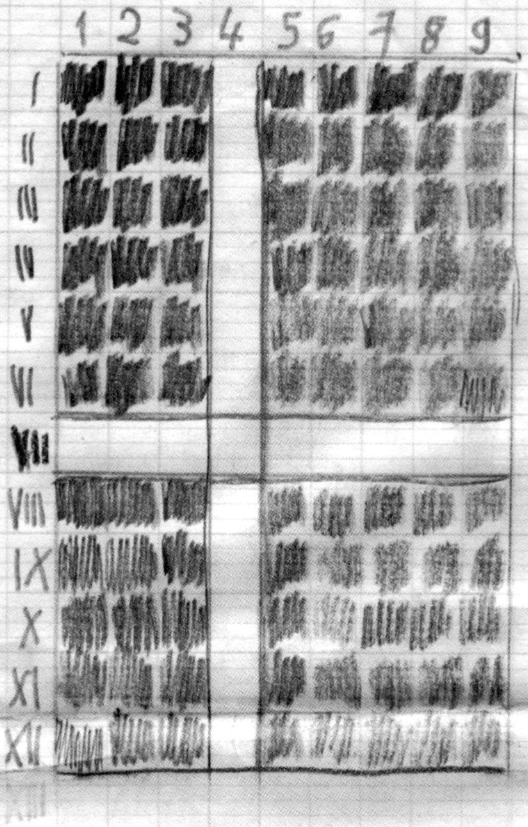

Horizontalement : VII : Vertical

Verticalement : 4 : Horizontal

Solutions : VII : FIL A PLOMB
4 : NIVEAU A BULLE

plutôt dans *Le Courrier de l'Ouest,* je le lis à cause des avis d'obsèques.

J'aimerais bien que vous me répondiez, parce que c'est la cinquième lettre que j'écris à des gens pour réclamer et toujours pas de réponse.

Salutations,

Ernestine Chassebœuf

PS : Je vous ai fait un mot croisé, pas de raison que vous vous y colliez pas aussi. C'est mon premier, il y a encore beaucoup de cases noires, je ferai mieux la prochaine fois. La solution est en bas à l'envers.

Madame Ernestine Chasseboeuf *le 18 mars 1999*
49320 Coutures

à Monsieur le responsable de la réclame
de France-Inter

Monsieur,

Je vous écris pour vous dire que j'ai écouté France-Inter hier chez ma voisine, j'y vais pour le jeu des 1000 Francs parce que sur mon poste on peut attraper que France Culture et le midi, Panorama ça m'intéresse pas. J'ai donc entendu la réclame comme quoi faut faire attention, en tirant de l'argent, de bien cacher les touches quand on tape son code sur la machine. Hier, j'ai été au distributeur du Crédit agricole parce qu'il me fallait de l'argent pour payer au facteur des affaires que j'ai commandées. Moi j'ai pas de carte, mais mon petit-fils m'a prêté la sienne. J'ai bien fait comme vous avez dit : taper d'une main pendant qu'on cache de l'autre. Pour faire ça, j'ai été obligée de lâcher mon sac à main et quand j'ai voulu ranger mon billet de 200, j'avais plus de sac. C'est pas qu'il était bien valeureux, mais j'y tenais parce que c'était un cadeau de mon mari pour nos noces de cretonne (19 ans de mariage) en 1947. Il était en simili-croco avec mes initiales en laiton, E et C entrelacés. Ce qui m'embête le plus, c'est que dedans il y avait l'assurance de la Minicomtesse, mon poudrier, des photos auxquelles je tenais, un sachet de bicarbonate de soude et pas mal de bricoles qui me tiennent à coeur.

Si vous pouvez ajouter dans votre réclame qu'il faut taper d'une main, cacher de l'autre et bien serrer son sac entre ses jambes, je crois que ça pourrait rendre service aux gens et pas seulement aux vieilles bêtes comme moi.

À votre service,

Ernestine Chasseboeuf

PS : Puisque vous êtes à la radio, vous pouvez peut-être me faire envoyer un petit poste comme ceux que Lucien Jeunesse donne aux candidats qui sont mauvais au jeu des 1 000 Francs, ça me ferait plaisir, parce que France-Culture je comprends pas tout. Surtout, dites bien « Grandes Ondes ».

Madame Ernestine Chasseboeuf *le 22 mars 1999*
49320 Coutures

à M. René Froment,
Directeur du marché aux vieux livres

Monsieur le Directeur,

Mon voisin m'avait proposé de m'emmener au salon de l'Agriculture. Comme j'étais pas retournée à Paris depuis l'exposition de 1937, sauf une fois pour le salon en 64, j'y ai dit oui. En fait, il s'y est pris trop tard, le salon de l'Agriculture était fini, on s'est retrouvé dans une exposition de livres. Puisqu'on était là on est entrés quand même, j'en ai profité pour demander s'ils avaient pas un livre que j'ai lu en feuilleton dans le temps dans *Les Veillées* et que j'ai jamais pu retrouver, c'est *Les Deux Orphelines,* c'est très joli, même si on pleure un peu à la fin. Ils m'ont tous dit que c'était trop vieux et que ça se faisait plus. Les seuls qu'ont été gentils c'étaient des Québécois, ils avaient pas mon livre, mais ils m'ont payé un coup parce qu'ils étaient contents de trouver quelqu'un qui parlait comme eux. Avec le bruit et tout ça, j'avais un peu la tête qui tournait, je suis sortie pour prendre l'air, c'est là que j'ai dû faire une fausse manœuvre, j'ai pas pu retrouver le Salon, j'ai marché, j'ai marché et je me suis retrouvée dans votre marché et là j'ai vu des livres qu'avaient l'air aussi vieux que moi, mais pas *Les Deux Orphelines.* Il y a juste un gars qui m'a dit qu'il l'avait peut-être chez lui, il m'a donné son numéro de téléphone, malheureusement, il était dans mon sac à main que je me suis fait voler quand je l'ai lâché pour cacher les touches du distributeur d'argent comme ils ont dit dans le poste. Si vous pouviez lui dire de m'envoyer le livre, vous le trouverez facilement, taille moyenne, pas trop de cheveux et des moustaches, en plus il sentait la vinasse et pourtant il était pas bien tard. Je lui enverrai un chèque, je dois recevoir bientôt un nouveau carnet.

Surtout, dites-lui bien *Les Deux Orphelines,* qu'il m'envoie pas *Le Maître de forges,* je l'ai déjà en double.

En vous remerciant pour tout ce que vous faites pour moi,

Ernestine Chasseboeuf

PS : Encore merci de m'avoir reconduite jusqu'au TGV. Mon voisin vient juste de rentrer. Il m'a dit qu'il avait passé la nuit à la grande bibliothèque à chercher mon livre, qu'ils en ont un, mais qu'ils veulent pas le vendre, ça l'a bien fatigué, le pauvre il a des poches sous les yeux on dirait des valises.

Ernestine Chasseboeuf *le 22 mars 1999*
49320 Coutures

à Monsieur le Directeur
du magasin Carrefour je positive

Monsieur le Directeur,

J'ai bien reçu votre revue datée du 24 mars au 3 avril, comme d'habitude je l'ai lue d'un bout à l'autre, c'est toujours très intéressant. C'est un peu dommage qu'il y ait que des photos et pas plus de lectures. Vous pourriez de temps en temps mettre un petit feuilleton pour les vieilles personnes comme moi, des choses de notre époque comme *Les Deux Orphelines* ou des romans xandinaves, c'est assez à la mode. À la page 17 en mettant le kodak moins gros, il y aurait la place de mettre une demi-page de feuilleton, pareil à la page 33, pour un costume de camelote à 350 Francs un petit bout de page suffirait et ça ferait de la place pour de la lecture. Enfin, faites pour le mieux, je compte sur vous.

J'en profite pour vous passer une commande : page 82, je voudrais bien les deux photos pour

1,50 F, le paysage est très joli, et j'ai justement deux petits cadres de cette grandeur-là que j'ai achetés à Gifi en allant voir les pendules. Si vous avez plusieurs modèles, vous pouvez m'en envoyer pour 3,00 F : comme ça, je peux vous payer avec un timbre, j'ai pas encore reçu mes nouveaux carnets de chèques grand format. Je vous mets une enveloppe timbrée pour la réponse.

Sincères salutations et n'oubliez pas mes deux orphelines,

Ernestine Chassebœuf

Pas de réponse. J'en suis pour mes frais. Je peux vous dire que quand je reçois leur réclame le lundi, c'est direct au recyclage que je la mets.

Ernestine Chassebœuf *le 23 mars 1999*
49320 Coutures

à Monsieur le poète Jules Mougin

Cher Monsieur,

Je me permets de vous appeler cher Monsieur, j'ai regardé dans mon guide de la correspondance de Berthe Bernage, il paraît qu'on doit dire Maître aux poètes, mais peut-être seulement à ceux de l'Académie française. Comme j'étais pas sûre de mon coup, je préfère mettre Monsieur tout simplement : entre voisins c'est pas la peine de faire tant de cérémonies.

Enfin bon, si je fais taper une lettre pour vous, c'est pour vous demander des conseils en poésie. Je suis débutante et comme vous je voudrais écrire des récitations. J'aimais bien ça à l'école : Émile Verhaeren, Albert Samain, et surtout Victor Hugo. Au certificat en 1923, j'ai récité *Osséanonoxe*, on me l'a fait répéter 3 fois et j'ai eu 9 trois quarts sur 10. Maintenant que je suis à la retraite j'ai le temps de m'y mettre moi aussi. C'est surtout au printemps que ça me prend, le docteur me dit que c'est les glandes, je sais pas si c'est ça, mais ce qu'est sûr, c'est que la poésie c'est pas facile à mon âge, j'ai bien les idées mais c'est les rimes qui suivent pas. Pour le nombre de pieds je m'arrange avec des apostrophes, comme vous verrez sur ce que je vous envoie.

Ce que je voudrais surtout, c'est que vous me trouviez une rime à *brouette,* j'ai un poème en route et je bute là-dessus depuis trois jours. J'ai bien trouvé mouette mais c'est dur à caser par ici. Si je mets chouette, va falloir que ça se passe la nuit et le poème nocturne, c'est trop spécial.

Enfin, pour un professionnel comme vous ça doit être un jeu d'enfants. Faudrait me dire ce que vous pensez de celui que je vous envoie, je n'ai mis que quatre jours pour l'écrire, je le trouve pas trop mal réussi. Si vous pouviez aussi me conseiller pour un titre, je voulais mettre « Printemps », mais j'ai peur que ça soit déjà pris.

Je passerai à l'occasion vous voir d'un coup de Minicomtesse, faut que j'aille chez Godard à Chemellier voir le prix des radios Grandes Ondes, j'en ai demandé une de réclame à France-Inter, mais ils sont pas pressés de me l'envoyer.

Avec mes remerciements, encore merci de vos conseils,

Votre voisine, Ernestine Chassebœuf

Le retour du printemps habille la prairie,
C'est le moment d'bêcher que m'a dit mon voisin,
Tout est couleur de joie, du jaune et puis du gris,
Mais moi j'ai pas le temps, faut que j'aille au turbin.

Tout pousse dans les prés, boutons d'or et jonquilles,
Les mauvaises herbes aussi, ah Bon Dieu les salopes !
Le temps est revenu, enfants, de jouer aux quilles,
Allez-y donc pendant que j'arrose au roundope.

Que le printemps est beau quand la météo va,
Tu voudrais pas mignonne t'éloigner quand j'arrose,
Ça pourrait m'éviter d't'asperger les nougats,
J'vais pas t'le dire deux fois, oui c'est à toi que j'cause.

Les oiseaux font leurs nids, les lapins sont en rut,
Les crapauds, les grenouilles surveillent leurs têtards.
Le retour des légumes nous sauvera du scorbut,
Mais maintenant j'arrête, je vois qu'il se fait tard.

Ernestine Chassebœuf

Il m'a répondu une belle lettre, Jules, mais je vous la recopie pas, il y a des tas de choses personnelles que je voudrais pas voir sur la place publique. Pour les rimes, c'est pas son truc, faudra voir ailleurs.

POLÉMIQUE

Beaulieu-sur-Layon : les crucifix s'accrochent à la salle du conseil

/ive polémique à Beaulieu-sur-Layon où plusieurs administrés demandent l'enlèvement de deux crucifix dans la salle du conseil.

Dans la salle du conseil de Beaulieu-sur-Layon, le maire, Antoine Berthelot, et ses conseillers siègent sous des icônes religieuses : un état de fait qui n'est pas au goût de tout le monde

A Beaulieu-sur-Layon, la polémique fait rage depuis février, depuis que six administrés, pour la plupart âgés de 23 à 25 ans, ont demandé par courrier au maire, Antoine Berthelot, d'enlever deux crucifix bien en vue dans la salle du conseil.

yril Hulin, l'un des signataires, précise : « *Nous assistons assez régulièrement aux réunions du conseil. La présence des crucifix nous choquait. Cela faisait longtemps que nous avions l'idée* ».

... rement le retrait des emblèmes religieux (CO du 5 février).

En vitrine

La lettre des « anti-crucifix » a été lue lors du conseil municipal qui a suivi, sans provoquer de débat de fond. Après une entrevue le 15 mars avec les intéressés, le maire de Beaulieu-sur-Layon a proposé, lors du conseil suivant, le 12 avril, une mesure de Salomon : « *D'accord pour décrocher les deux crucifix, mais à la condition que ces* ...

« *L'application de la loi* ...

Madame Ernestine Chassebœuf *le 25 mars 1999*
49320 Coutures

à Monsieur le Maire de
Beaulieu-sur-Layon

Monsieur le Maire,

J'ai lu sur le petit Courrier tous les ennuis que vous avez avec le crucifix de la Mairie et moi je vous dis : tenez le coup, cédez pas, y'a pas de raison qu'il y ait un Christ dans la mairie, vous avez bien fait de le retirer. Le grand-père du grand-père de mon pauvre mari s'est fait tuer au Pont-Barré en septembre 1793 par l'armée des Vendéens et ça serait bien qu'il soit pas mort pour rien, mais si je prends la peine de vous écrire c'est pas seulement pour ça, c'est parce que la pharmacie de garde quand c'est fermé à Brissac, c'est celle de Beaulieu. D'abord ça me fait loin, surtout avec la Minicomtesse et quand je fais bien le tour de votre rond-point devant l'église comme c'est écrit dans le code, tous ceux qui sont derrière moi ils en profitent pour couper tout droit et me passer devant.

Alors vous pourriez pas faire un beau rond-point comme on voit partout, avec des fleurs et pourquoi pas un monument avec les noms des républicains morts au Pont-Barré, ça vous ferait de la réclame et ça vous gagnerait même des voix aux élections.

En vous félicitant pour votre fermeté, je vous prie d'agréer l'expression de mes sentiments républicains,

Ernestine Chasseboeuf

PS : Le voisin qui m'a passé le journal me dit que je comprends rien à la politique. Eh bien moi, je dis qu'on en manque des gens comme vous qu'ont des opinions.

Pour les lettres politiques comme celle-là, il faut être très prudent. J'avais rien compris, c'est le voisin qui avait raison : le maire il voulait le garder, le Jésus, pas l'enlever ! Enfin, il paraît qu'il y est plus. C'est le principal.

Ernestine Chasseboeuf *le 25 mars 1999*
49320 Coutures

à Monsieur Jean-Michel Marchand
Député au Palais-Bourbon

Monsieur le Député,

Si je vous écris tout simplement Monsieur le Député et pas Votre Excellence ou Votre Honneur c'est parce que je suis du même bord que vous, d'ailleurs je viens d'écrire au Maire de Beaulieu pour le féliciter d'enlever le crucifix de sa mairie. Trêve de bavardages, je veux pas vous prendre trop de temps avec tout le boulot que vous devez avoir en ce moment : député du Département et aussi député de la Région, ça doit faire des réunions à n'en plus finir, surtout si vous voulez faire européen aussi et pourquoi pas Maire de Saumur ou d'Angers. Vous pourriez bien laisser des emplois à d'autres jeunes, il y en a bien qui sont capables avec toutes les études qu'on leur fait faire maintenant. Surtout, méfiez-vous bien des mauvaises femmes qui peuvent vous tourner autour, elles vous achètent des chaussures à un million avec l'argent du pétrole et après vous pouvez plus vous en dépêtrer, ça peut vous coûter votre place, je l'ai lu dans *Le Canard enchaîné* du voisin, j'essaie de faire les mots croisés, mais ils sont trop durs.

Je bavarde, je bavarde, mais vous avez la guerre à préparer, faut que je vous laisse. Mon premier mari y était jusqu'en 1920 chez les balkaniens, à Sébastopol et plus loin. Le 11 novembre avait été signé, eux ils continuaient, ils voulaient rien savoir, c'est pour vous dire comme ils sont durs par là, méfiez-vous.

Je sais pas si on s'intéresse encore aux problèmes des vieux comme nous, quand on marche dans des godasses à 500 000 Francs pièce, mais je vais quand même vous dire tout ce qui me tracasse :

1. La pharmacie de garde quand c'est fermé à Brissac, c'est Beaulieu et c'est trop loin, je mets trois heures en Minicomtesse.

2. Les carnets des CCP, avec tous leurs avions on voit plus rien, j'ai écrit et ils veulent rien savoir.

3. Les vieux paient pas la redevance de la télé, d'accord, mais ceux qu'ont pas la télé comme moi, on pourrait pas leur donner la même somme en argent, parce que les réversions de mes pauvres maris ça fait pas grand-chose par trimestre.

J'aurais bien d'autres choses à vous demander, mais on verra déjà si vous pouvez faire quelque chose pour ces trois-là. Merci d'avance,

Ernestine Chasseboeuf

P.S. : J'apprends dans le poste que la guerre est déclarée, laissez mes affaires, c'est pas urgent. Faites attention aux Chinois, ils sont nombreux et il paraît qu'ils ont la bombe atomique.

Madame Ernestine Chasseboeuf *le 30 mars 1999*
49320 Coutures

à M. Alain Raymond,
Programmeur à Télérama

Monsieur,

Je n'ai pas la télé mais ça m'arrive quand même de la regarder chez l'un ou chez l'autre. Hier soir je m'étais couchée de bonne heure, j'ai lu un peu, mais comme j'arrivais pas à dormir, j'ai souvent des insomnies avec toutes mes misères, diabète, arthrose sans compter tout ce qui me tourneboule dans la tête avec toutes ces lettres que j'écris et que personne ne répond. Je me suis levée pour boire un coup. En préparant mon infusion j'ai vu qu'il y avait de la lumière chez la voisine, elle regarde les feuilletons jusqu'à point d'heure. J'ai été boire mon tilleul devant sa télé, souvent toutes ces bêtises ça m'aide à m'endormir. Ça s'appelait l'émission « de la rue ça discute » sur la 2, ça tombait bien ça parlait des insomnies. Les gens racontaient leurs misères, les mêmes que moi ; vous me croirez si vous voulez, à chaque fois qu'ils disaient quelque chose il y avait des rires qui sortaient d'on sait pas où, ça m'a foutue en colère et je suis retournée me coucher, malheureusement la tisane m'a pas fait dormir, à chaque fois que je pensais à mon arthrose ou à mon diabète je m'entendais des rires dans le crâne ; j'ai pas dormi de la nuit.

Si vous connaissez le gamin qui présente cette émission, dites-lui que c'est pas des façons de se moquer des malades, et que quand ça sera son tour on viendra rigoler dans sa chambre à l'hôpital américain de Neuilly, c'est là qu'ils vont tous quand ils ont un pet de travers, je l'ai lu dans *Point de Vue*.

Je vous remercie si vous en parlez dans votre journal,

Ernestine Chasseboeuf

PS : J'ai écrit à mon député pour qu'on donne aux vieux qu'ont pas de télé la même somme en argent qu'à ceux qui l'ont puisqu'ils sont exonérés, ça serait justice. Lancez donc une pétition là-dessus dans votre journal.

Ils l'ont passée ma lettre, à Télérama, les voisins sont venus me la montrer. C'était la première fois que je me voyais dans un journal ailleurs que dans les remerciements des obsèques.

Madame Ernestine Chasseboeuf *le 30 mars 1999*
49320 Coutures

à M. Louis Bozon
France-Inter

Monsieur Bozon,

Je voulais aller vous voir à Saumur mais je l'ai pas su. Si je vous envoie des questions c'est pour gagner un peu d'argent, si possible en faisant perdre les candidats. Donc, pas la peine de leur souffler, comme des fois on vous entend. Cet argent-là j'en ai besoin, c'est pas avec ma rente !

Si des fois ils trouvaient quand même, envoyez-moi une radio grandes ondes comme consolation, j'en ai plus qui marche et France-Culture j'y comprends goutte.

Merci de votre aide, voilà mes questions :

Questions bleues :

1 – Quel est le poète breton qu'on met autour des volailles ?

C'est Barde.

2 – L'abeille est un hyménoptère, Gambetta est né à Cahors, mais comment appelle-t-on les 19 ans de mariage ?

C'est les noces de cretonne.

3 – Trouvez 5 noms d'oiseaux qui riment avec brouette.

De mémoire, je trouve : Mouette, Chouette, Esperlouette, Casse-nouette, Sitelle-Torchepouette, acceptez pas les oiseaux exotiques, ça serait trop facile.

Questions blanches :
4 – Où est mort Joseph-Marie Chassebœuf, et si oui à quelle date ?
Réponse : *À la bataille du Pont-Barré à Beaulieu-sur-Layon, en 1793.*
(C'était de la famille de mon mari.)
5 – En dehors de la farine, des œufs et du sel et de la levure, citez quatre composants des feuilletés dorés de chez Lu.
Réponse : *Bicarbonate – Lactosérum – Lécithine de soja – Amidon de maïs – Antioxygène – Émulsifiant.*
(Et je peux vous dire que c'est pas facile d'en avoir.)
6 – Si je vous dis : « La zuchette est gallicole », où est l'erreur ?
Réponse : *La zuchette est un concombre, elle ne peut donc pas être gallicole.*

Question rouge :
7 – Qui a écrit : « Heureux qui comme Ulysse a dégusté une bonne saucisse » ?
C'est Jean Bottereau, charcutier à Liré, Maine-et-Loire, j'ai le papier chez moi.

Questions Banco et Superbanco :
8 – Comment s'appellent les habitants de Saint-Rémy-en-Bouzemont-Saint-Genest-et-Isson, dans la Marne ?
Je pense que c'est les Issono-Sanctigenest-et-Sanctiremo-Bouzemontois.
9 – Où est né Gustav-Adolph Hirn et, si oui, en quelle année ?
Il est né à Logelbach, en 1815.

Ça c'est certain, je me suis aidée avec mon Larousse du certificat d'études, mais s'il y a d'autres choses qui n'existent plus, posez pas les questions.

Pensez bien à m'avertir quand ça va passer à la radio que j'aille écouter chez la voisine.

Ernestine Chassebœuf

PS : Êtes-vous parent avec un Bozon de par chez nous, un grand point trop fin avec des moustaches, qui faisait toujours premier au plus gros mangeur de rillauds ?

Ernestine Chassebœuf
49320 Coutures

le 6 avril 1999

à Monsieur le poète Mougin

Cher Jules,

Finalement, je vous appelle Jules, entre collègues c'est autorisé. Je vous écris pour vous soumettre ma dernière production, c'est encore un peu rural, c'est ça qui m'inspire le plus :

La pluie et les pommes de terre

Tiens ! Voilà la pluie, que m'a dit le pouète,
Et c'est pour la journée, je l'ai vu sur la Une,
Tu jardineras demain, va ranger ta brouette,
Ç'arrosera tes patates et c'est pas pour des prunes.

Moi la pluie j'aime pas ça, ça mouille mes frisettes,
J'peux rien faire au jardin, le retard s'accumule
Le terrain est tout mou, on n'est pas à la fête,
C'est pas pour moi qu'j'dis ça, c'est pour mes tubercules.

La pluie, c'est la tempête, l'ouragan, le déluge,
On patauge dans la boue, il faut mettre des bottes,
Avec la neige au moins on peut faire de la luge,
On m'dit qu' j'ai passé l'âge et pourtant ça me botte.

Quand reverrai-je hélas mon champ de pommes de terre,
Ô Pomone, Flore, et Clause, muses du jardinage,
Je vous prie à deux mains afin de pouvoir faire
Deux, trois quintaux par an, le reste de mon âge.

Ernestine Chassebœuf

Mon voisin me dit que j'ai des renvois de Du Bellay, forcément on peut pas tout inventer, je suis pas Arthur Rimbaud, du moins pour l'instant.

Comme vous m'avez pas envoyé de rime à brouette, j'ai fait comme j'ai pu avec pouète, j'ai pas ma licence poétique, mais ça va faire quand même pour l'instant. Il sera toujours temps de changer si on trouve mieux. Les rimes, ça va à peu près, mais pour les pieds, c'est comme pour la semence de patates dans le jardin. J'achète de la Belle de Fontenay dans des cagettes de 25, si je fais deux rangs d'alexandrins de 12, 2 fois 12 égale 24, il me reste 1 pied que je sais pas où mettre. Faudrait que j'achète 12 cagettes, ça me ferait un alexandrin de plus au bout du champ, mais pour moi toute seule ça va faire trop. Je pourrais en mettre 13 dans un rang et 12 dans l'autre, ni vu ni connu, je pourrais aussi manger la vingt-cinquième de la cagette, mais ces patates-là, c'est traité avec du chimique, c'est poison et compagnie. Comme quoi le jardin c'est comme la poésie, on fait pas toujours comme on veut.

Enfin, je pense que ça vient un peu, je prépare un recueil, il y avait un éditeur à Coutures, mais ils ont arrêté rapport au voisinage. J'essaierai peut-être Gallimard à Paris, ils ont fait des bons livres autrefois, je leur avais acheté *Les Deux Orphelines* mais je l'ai perdu. Vous auriez pas ça chez vous, *Les Deux Orphelines,* je le cherche partout, rien à faire.

J'ai toujours dans l'idée de passer vous voir à Chemellier, mais avec le jardin je trouve pas le temps et si en plus je veux faire poétesse, ça va me prendre du temps aussi.

En espérant vous rencontrer bientôt, recevez mes amitiés et bien le bonjour à votre dame,

Ernestine Chassebœuf

Décidée à ne plus souffrir une rhumatisante découvre un nouveau moyen de combattre la douleur ...

Mme MARTIN :
«Cette méthode étonnante que j'ai découverte récemment a réellement bouleversé ma vie.»

Avec la méthode «LUTTER CONTRE LES RHUMATISMES»

Voici le témoignage de Mme Colette MARTIN âgée de 67 ans :

«C'est vers l'âge de 45 ans que les premières douleurs commençaient à s'installer, aux épaules et aux poignets. Avec les années, les douleurs se sont accentuées et se sont étendues aux hanches et aux genoux. Le ma

Madame Ernestine Chasseboeuf *le 7 avril 1999*
49320 Coutures

à Mme Colette Martin
aux bons soins de Naturalys SARL
en Suisse

Ma chère Colette,

Quelle surprise ce matin dans ma boîte aux lettres de voir ta tête sur le prospectus des rhumatismes. Tu as bien un peu changé depuis 1953 que tu es partie de Botz-en-Mauges pour te marier en ville. J'avais cherché à te retrouver, mais comme tu m'as jamais envoyé ton adresse, rien à faire. J'ai lu tous tes malheurs de santé sur le prospectus, tu as dû souffrir le martyre et je sais de quoi je cause parce que de l'arthrose j'en ai aussi, je suis obligée de faire taper mes lettres tellement j'ai les doigts déformés.

Ce qui me tracasse un peu, c'est ton âge : 67 ans, on voit bien que c'est de la publicité mensongère, c'est plutôt 87 que tu dois avoir puisque t'as passé le certificat deux ans après moi.

Ton mari a l'air d'être un bon gars sur la photo. Il ressemble pas au fils Taugourdeau avec qui t'étais partie, mais on a le droit de changer, depuis si longtemps. Moi c'est pareil, j'ai eu deux maris ce qui fait que je suis deux fois veuve. Ce qui m'a manqué le plus à la mort de mon deuxième mari, c'est qu'on m'a aussi repris le permis de conduire : pourtant la Citroën, c'est moi qui l'avais achetée avec Chasseboeuf. J'ai écrit à la Préfecture, rien à faire. Je suis obligée de rouler en Minicomtesse sans permis et ça va pas vite, surtout pour aller à Beaulieu, mais je te raconte pas tout, ça serait trop long.

Envoie-moi de tes nouvelles, mais ton livre tu peux te le garder. Envoyer des prospectus dans le monde entier pour donner gratuitement un livre qui fait des miracles, si c'était véridique ils l'auraient dit à la télé, faut pas me prendre pour une bille. Si vraiment tu veux m'envoyer un livre, rends-moi donc plutôt celui que je t'ai prêté la semaine d'avant que tu partes, c'était *Les Deux Orphelines*. Je voudrais bien le relire, j'ai cherché partout, même à Paris, j'ai jamais pu le retrouver.

Enfin, ça me fait plaisir de savoir que tes cartilages sont en bonne santé et j'espère si tu m'écris que ta lettre me trouvera de même,

Ernestine Chasseboeuf,
née Troispoux

Elle m'a jamais répondu, Colette. Pourtant, j'avais soigné la formule de politesse. C'est important la formule de politesse, c'est comme votre signature, si vous en tenez une belle, la lâchez pas.

Madame Ernestine Chasseboeuf *le 5 avril 1999*
49320 Coutures

à Confipote, Materne et Cie

Cher Directeur,

J'écris toujours aux directeurs, mais je sais bien que mon courrier va pas plus loin que la poubelle de la secrétaire puisque personne me répond jamais, sauf Jules mais maintenant c'est un ami. C'est la seizième lettre que je fais pour réclamer et jamais de réponse. C'est toujours quand je suis fâchée que j'écris.

Aujourd'hui, c'est grave et urgent : on m'a apporté de la confiture il y a déjà quelque temps mais j'y avais pas goûté parce qu'il m'en restait de la mienne et que je la préfère. C'est pas que la vôtre soit mauvaise, mais si on a pas la loupe quand on l'achète, bernique pour savoir ce qu'il y a dedans.

Donc ce matin, je me suis préparé mon petit-déjeuner avec de la confipote à la pêche. Je m'étais levée tard parce qu'hier soir j'ai voulu voir la fin d'un film à la télé chez la voisine. Je me suis levée qu'à 10 heures et demie et je me suis installée pour mon petit-déjeuner. J'ai dû poser ma tartine de confiture quand la voisine a cogné au carreau pour savoir la fin du film, vu qu'elle s'était endormie avant, ça m'a pris un peu de temps pour lui raconter et c'est juste quand j'ai fini ma tartine que j'ai vu l'heure sur le pot de confiture :

à consommer avant le 5 avril 1999 11:45, il était midi et c'était foutu. Sans la voisine ça passait juste, mais là c'est sûr, j'ai dépassé. Je voudrais savoir si je peux pas tomber malade, ça me tracasse à cause de la mystériose, il paraît que ça s'attrape avec des produits pas frais. Donc, rassurez-moi ou dites-moi si je dois aller me faire analyser.

Faites pour le mieux et répondez-moi vite. Si par malheur je meurs avant votre réponse, j'ai envoyé un mot au notaire pour qu'il sache de quoi je serai morte,

Ernestine Chassebœuf

Et quel bonheur le 16 avril, quand le facteur m'a apporté la réponse ! La première depuis que j'avais recommencé à écrire des lettres :

Madame,

Nous avons bien reçu votre courrier du 7 courant et tenons à vous rassurer sur le « dépassement » de la date de consommation.

En effet, tous nos produits sont vendus avec une DLUO (date limite d'utilisation optimale) et non pas une DLC (date limite de consommation).

En d'autres termes, cela signifie qu'il est préférable de les utiliser avant cette date, pour une question de saveur du produit, mais qu'ils ne sont absolument pas dommageables pour la santé s'ils sont consommés quelques jours après. […]

Signé : Responsable qualité Materne.

P.S. : Nous tenons à vous féliciter pour votre style d'écriture digne des meilleurs chansonniers actuels.

Madame Ernestine Chasseboeuf *9 avril 1999*
49320 Coutures

à
Concours du poème du métro

Cher Directeur de la RATP,

Je vous ai vite torché un poème, c'est le premier que je fais sur la ville, les deux autres étaient ruraux, le premier sur le printemps, le deuxième sur la pluie et les pommes de terre. Je les ai montrés à un poète qu'habite par là mais il tarde à me répondre, j'ai peur qu'il me conseille de faire plutôt de la peinture.

J'accepte à l'avance votre prix, le week-end culturel. J'ai justement des renseignements à demander sur la culture des pommes de terre, est-ce que la BF15 est meilleure pour les frites que la charlotte, mais faudra faire vite parce que pour planter les patates ça va faire juste, et l'année prochaine qui sait si je serai encore là ?

Vous direz à Pierre Perret que j'écoute des fois ses chansons, celles que je préfère c'est *Le clair de lune à Maubeuge* et *Quand la mer monte, j'ai honte, j'ai honte.*

Comme j'ai pas d'urne et que je sais pas où on en achète, je vous envoie mon poème par la poste.

Bien à vous,

Ernestine Chassebœuf

Politain mais pas trop[1]

Toi qui dans le métro ne sembles pas en train,
Tous les jours entassé avec les pue-la-sueur,
Va au trot au boulot malgré ce qui t'étreint,
Cette rame c'est pas la joie, c'est le train du malheur.

Usagé du métro, quand à quarante à l'heure
Tu te rends au turbin dans un bruit impossible,
Pense à Arthur Rimbaud et ses quarante haleurs
Ivre comme son bateau sur un fleuve impassible.

Agressé dans les rames, suicidé sur la voie,
Trimballé comme un veau qu'on mène à l'abattoir,
Pense que la mort te guette au détour d'un couloir,
Mais qu'elle ne frappe pas quand ce n'est point son heure.
(des Lilas)

Ernestine Chassebœuf, 89 ans

1. Paru dans *Télérama,* le 22 septembre 1999.

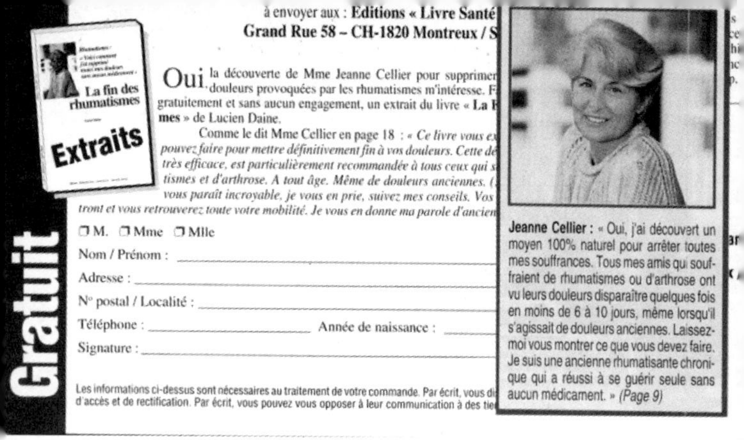

Ernestine Chassebœuf
49320 Coutures

le 18 avril 1999

à Madame Jeanne Cellier,
Montreux en Suisse

Chère Jeanne,

Décidément, ça nous a rien valu d'habiter à côté des marais de l'Èvre, à Botz-en-Mauges. Je ne sais pas si tu te souviens d'Ernestine, mais moi je t'ai bien reconnue sur la photo du prospectus des rhumatismes. La semaine dernière, c'était Colette Martin, la grosse Colette qu'on faisait bisquer parce qu'elle apportait toujours de la soupe au corbeau dans sa gamelle de midi et qu'elle rendait jamais *La Semaine de Suzette* qu'on lui prêtait. Elle aussi, elle était en photo dans une réclame de rhumatismes, en Suisse : aussi, tu l'as peut-être revue, c'est pas très grand la Suisse. Ta photo doit dater de belle lurette, parce que tu dois avoir au moins 80 ou 81, puisque t'as fait ta communion avec ma petite sœur. C'est facile à se rappeler parce que c'est le jour où t'as eu ton accident en te prenant les pieds dans ton chapelet et que l'abbé Foinard a dit que t'étais plus à jeun sous prétexte qu'on t'avait donné un verre de goutte pour te requinquer. T'as été obligée d'attendre le dimanche suivant pour avaler le Bon Dieu, qu'est-ce qu'on a pu rire !

Enfin, aller habiter en Suisse pour plus avoir mal au dos en jardinant, ça vaut-y bien le coup à mon âge ? Envoie-moi donc toujours tes extraits gratuits en mettant bien si on doit en prendre matin midi et soir, ça coûte rien d'essayer.

Si tu connais d'autres filles de Botz-en-Mauges qui habitent par chez toi, envoie-moi en même temps leur adresse ; y'en a plusieurs à qui j'aimerais dire deux mots.

Je t'embrasse en souvenir du bon vieux temps,

Ernestine Veuve Chasseboeuf

PS : J'ai oublié de te dire que je suis la fille Troispoux, mon nom de veuve te dit forcément rien. La Colette est plus avec Taugourdeau, le fils du marchand de peaux de lapins, son nouveau a pas l'air mal non plus sur la photo, mais tu dois sûrement le connaître puisque vous êtes voisines.

Madame Ernestine Chassebœuf le 20 avril 1999
49320 Coutures

à Monsieur le Directeur des Informations
de France-Inter

Monsieur,

Vous allez sûrement dire que je suis une vieille râleuse, ça fait la troisième fois que je vous écris. La première, c'était au directeur de la réclame pour une affaire grave : pas de réponse. La deuxième, c'était à Lucien Jeunesse pour lui envoyer des questions : j'attends toujours les chèques. Maintenant c'est après vous que j'en ai. D'habitude j'écoute jamais la TSF dans la journée, j'ai trop à faire, mais là avec le temps, je peux pas travailler au jardin, je vais être en retard pour les patates et déjà ça m'énerve un peu. Donc aujourd'hui, j'ai écouté tout le temps avec un poste qu'on m'a prêté et me faudrait pas ça tous les jours parce que le Docteur Bourgeon m'a dit de pas m'énerver à cause de ma tension.

Pourquoi vous nous avez répété toute la journée que Vuiton avait acheté le château Icaime, qu'est-ce que vous croyez que ça peut nous foutre, on boit jamais de ce vin-là, une bouteille ça coûte le prix d'un trimestre de ma pension. C'est du vin qui va bien dans les sacs à main en Vuiton, des sacs pour les mijaurées qui se font servir et qui foutent rien de la journée. Si vous voulez faire une radio pour ces gens-là, je vous préviens que j'écouterai plus, déjà que j'écoute pas beaucoup, vous aurez perdu une cliente et je vous avertis que je peux faire passer une lettre dans Télérama comme j'ai déjà fait, il y a 685 600 lecteurs sans compter les familles de plusieurs, ça peut vous faire du tort.

Excusez-moi si je me suis emportée un peu, mais vous comprenez que j'écoute les informations pour savoir comment va la guerre, alors les histoires de vin et de sacs à main, ça vaut pas le coup d'en parler pour l'instant.

Sincères salutations, et faites attention, je vous ai à l'œil,

Ernestine Chassebœuf

PS : Si vous voyez Lucien Jeunesse, dites-lui que pour la petite radio que je lui ai demandée c'est plus la peine, si je dois me rendre malade en vous écoutant, je préfère qu'il la garde.

Madame Ernestine Chassebœuf *le 20 avril 1999*
49320 Coutures

à Michel Grégoire,
Directeur de l'après-midi à France Inter

Monsieur,

Des fois j'écoute votre émission, pas souvent parce que j'ai pas de poste personnel, mais ça m'arrive d'en emprunter un. Comme cet après-midi puisque le jardin était trempé j'ai pas pu travailler. Déjà les informations ça m'a énervée ils en avaient qu'après le Château Icaime, que pourtant tout le monde s'en fout, surtout moi. Et puis votre émission ça m'a achevée. Déjà les chansons c'est minable, vous passez n'importe quoi en faisant mine que c'est du supérieur et ça vaut rien, et en plus vous invitez cet abruti de Général Bigeard en lui faisant des ronds de jambe, c'est-y que vous avez peur d'être mobilisé au Kosovo ? Vous voulez vous faire pistonner pour rester à l'arrière ou pour avoir du rab de rata ?

Moi, il m'a pas fait pleurer avec les lettres de ses petits gars en Indochine, ces gentils petits soldats-là, c'est les mêmes que ceux qui massacrent qui torturent et qui violent les petites filles en Bosnie ou au Kosovo, alors arrêtez de lécher le cul aux militaires sinon je vous écoute plus du tout. J'ai vécu deux guerres sans compter l'ancêtre de mon mari qui a fait les guerres de Vendée, alors je sais ce que c'est.

Vous pouvez lire ma lettre au poste, j'ai pas honte de ce que je pense.

Sans rancune, et à l'avenir choisissez mieux vos invités,

Ernestine Chasseboeuf

Le lendemain, il s'est excusé et il a lu la fin de ma lettre à son émission, c'est pas lui qu'avait choisi l'invité, paraît-il. Maintenant, on l'entend plus à France-Inter, j'espère que j'y suis pour rien.

Ernestine Chassebœuf *le 21 avril 1999*
49320 Coutures

à Monsieur Amary, pacifiste
Chatuzange-le-Goubet

Monsieur,

Il y a plusieurs personnes par ici qui vous connaissent et qui m'ont donné votre adresse à propos d'une affaire qui me trotte dans la tête. On m'a dit que vous vous y connaissiez et que vous pourrez me répondre à propos de la guerre dans les Balkans. Croyez-vous pas qu'on nous bourre le crâne ? Ça s'est déjà vu avec d'autres guerres, on croit qu'on nous dit tout mais c'est pas vrai. Moi, ce que je sais depuis le début c'est que les Américains sont venus nous aider à foutre le bazar dans l'Albanie à condition qu'on arrête de fabriquer des fromages au lait cru. Ils aiment pas ça et depuis bien des années ils veulent en dégoûter les autres pour leur vendre leurs saloperies de Maquedonal, Cocacola et même pire si ça existe. Si vous pouvez dénoncer ça dans vos journaux pacifistes je crois qu'il faut pas hésiter, parce que tuer autant de gens pour du fromage, c'est exagéré. Je voudrais aussi faire un poème sur la paix, pour l'instant j'en ai fait trois, mais aucun sur la paix, personne ne m'a découragée encore, mais si vous pouviez me donner quelques rimes ça m'aiderait. Dites-le pas au facteur Mougin, il croirait que je veux lui piquer ses idées, c'est vrai que la paix il s'en occupe depuis longtemps, mais on est jamais trop pour bien faire.

Je vous envoie mes trois poèmes pour vous

donner une idée. Je les ai fait taper à l'ordinateur parce qu'avec mon écriture on comprendrait rien.

Je vous remercie par avance pour votre aide, bonjour à votre dame (et à vos enfants si vous en avez),

Ernestine Chasseboeuf

Ernestine Chassebœuf *le 21 avril 1999*
49320 Coutures

à Monsieur Tenminste Houdbaar Tot Zie Zukant
Service consommateurs. CELIA BP 12
53400 Craon

Monsieur,

Comme cadeau pour mon mariage (celui avec Chassebœuf) on m'avait offert un service de verres en cristal. Malheureusement, j'ai cassé la carafe en y versant du tilleul trop chaud un soir que je pouvais pas dormir rapport à tout ce qui me passe dans la tête, la guerre, mes poésies et tout ça, bon je vais pas vous raconter ma vie, c'est juste pour vous dire que la carafe que vous donnez contre 5 codes à barre, c'est juste la même que celle qui manque à mon service, d'autant plus que ça fait longtemps que j'ai cassé tous les verres, et pour moi les souvenirs c'est sacré.

J'aimerais bien en recevoir une, si vous pouvez m'en envoyer d'urgence. Je mets pas les codes à barre dans l'enveloppe, vu que j'en ai qu'un c'est pas la peine et j'ai pas l'intention de racheter de votre fromage, je l'ai pas trouvé fameux. Je l'ai pris à cause des moines, souvent quand y a « Moine » dans le titre du fromage ça veut dire que ça pue un peu, mais là rien du tout, c'est sûrement de ce pasteurisé que les Américains veulent nous faire bouffer en échange de la guerre au Kosovo. Essayez de pas me faire attendre six semaines pour la carafe parce que je mets mon eau du robinet dans une bouteille de plastique et il paraît que c'est pas bon pour la santé. Je mets pas le chèque de 25 Francs non plus parce que j'ai qu'un carnet de la Poste avec des avions et je veux pas m'en servir. Je suppose que vous êtes pas à 25 Francs près. Emballez-la bien avec du vieux journal parce que c'est très fragile.

J'espère que vous serez plus gentil que les gâteaux Belin et le sucre Daddy, je leur ai demandé des affaires, pas de réponse.

Vous avez un nom allemand, ça fait longtemps que vous faites du fromage à Craon ?

Merci d'avance pour votre envoi,

Ernestine Chasseboeuf

Celia,
La Chaussée aux Moines,
53400 Craon

Craon, le 28 avril 1999

Madame,

Nous avons bien reçu votre courrier du 21 avril, et vous remercions vivement de nous faire part de vos remarques.

Afin de vous être agréable, nous vous adressons ci-joint la superbe carafe Chaussée aux Moines, en vous recommandant toutefois de consommer votre tilleul avec modération.

Comme j'ai déjà utilisé tous mes journaux pour mettre mes épluchures, il ne m'en reste malheureusement plus pour emballer la superbe carafe. Veuillez m'en excuser par avance.

Enfin, pour répondre à votre question, je suis effectivement d'origine allemande, bien que je ne sois pas blond.

Nous restons à votre entière disposition, et vous prions d'agréer, Madame, l'expression de nos sincères salutations.

M. Tenminste Houdbaar Tot Zie Zukant
Service Consommateurs

PS : excusez-moi pour la qualité de ma signature : j'ai dû signer de la main gauche car j'ai la main droite dans le plâtre depuis que j'ai glissé en voulant descendre les escaliers sur la rampe une nuit de pleine lune.

Madame Ernestine Chasseboeuf *le 22 avril 1999*
49320 Coutures

à M. Eugène Belin,
8, rue Férou
75278 Paris Cedex 06

Monsieur,

J'ai envoyé par erreur une lettre à Ris-Orangis, et on a pas dû vous la faire suivre. Je vous envoie donc une copie parce que pour les produits ça presse un peu, c'est bientôt mon anniversaire (89 ans) et j'aimerais faire des gâteaux pour inviter quelques amis. Même si c'est non répondez quand même, il y a des tas de malpolis qui répondent pas à mes lettres, c'est quand même pas le prix que ça coûte un timbre, on peut en avoir à 2,70 Francs qui marchent aussi bien que les autres à 3 Francs.

Dans l'espoir de recevoir mes produits,

Ernestine Chasseboeuf

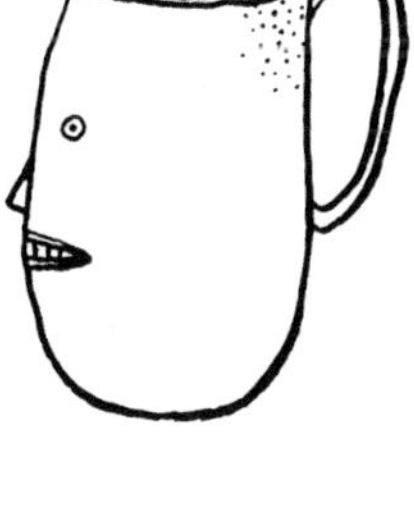

Avec nos compliments 26.4.99

Chère Madame,

Nous avons reçu votre courrier ce jour. Malheureusement, nous ne sommes pas la maison Belin/L mais la maison d'édition. Nous vous souhaitons cependant un joyeux anniversaire.

Avec nos sincères salutations

T. Bos
Editions Belin

BELIN
Éditions Belin
8, rue Férou, 75278 Paris cedex 06.
Tél. 01 46 34 21 42. Télex 269355 F. Télécopieur 01 43 25 18 29.

Madame Ernestine Chasseboeuf *le 22 avril 1999*
49320 Coutures

à Michel Grégoire,
Directeur de l'après-midi à France-Inter

Monsieur Grégoire,

J'ai tout entendu dans le poste, vous laissez pas traîner votre courrier avant d'y répondre, c'est pas comme certains. En plus pour les chansons je retire ce que j'ai dit, vous avez sorti le petit Bérangé, ça m'a bien plu, j'ai cru comprendre qu'il devait pas bien aimer les Bigeard et compagnie, ni les Américains qui bombardent les Balkans pour qu'on arrête de faire du fromage au lait cru. Si vous avez des disques de ce Bérangé, ça me ferait plaisir d'en avoir un, c'est de la musique comme j'aime, je comprends toutes les paroles et en plus il y a de l'accordéon, c'est pas du Verchuren mais c'est dansant quand même.

Puisque vous avez l'air d'écouter les conseils, je peux vous demander une chose : comme vous avez une belle voix quand vous lisez, ça serait de faire un feuilleton en lecture, *Les Deux Orphelines* par exemple, c'est une histoire triste, je l'ai prêtée quand j'étais jeune à une copine mais elle s'est mariée en Suisse et depuis plus de nouvelles. Vous pourriez aussi chanter des chansons, mais faites attention à votre voix, elle est un peu éraillée, si c'est un polipe ça peut tourner cancer. Je vous envoie trois poèmes que j'ai écrits, mais je ne sais pas si ça pourrait faire des chansons, dites-moi si vous êtes intéressé.

Vous faites des progrès en TSF, vous n'êtes pas encore Jean Nohain ou Marcel Fort, mais on sent que ça pourrait venir,

Sans rancune pour Bigeard, je vous embrasse,

Ernestine Chasseboeuf

« Ernestine, toi qui écris partout, fais-nous donc une lettre contre le dépôt de mâchefers qu'ils veulent nous installer. » Et voilà comment on se retrouve à défendre des causes lointaines.

Madame Ernestine Chasseboeuf *le 26 avril 1999*
49320 Coutures

à M. Noël Mamère
Maire de Bègles en Gironde

Monsieur le Maire,

On m'a emmenée passer quelques jours de vacances la semaine dernière dans le sud de la Gironde. J'étais fatiguée rapport à mes insomnies et mes arrière-petits-neveux m'ont proposé de venir chez eux à Salles, c'est joli comme région, même s'il y a un peu trop d'arbres. Il a pas fait beau du tout mais on a pu se promener quand même dans le Parc Naturel et au bord de la Leyre (c'est la rivière), l'eau est claire on dirait de l'eau de source. Si je vous écris c'est parce qu'ils m'ont dit que vous vouliez installer un dépotoir pour des résidus de l'usine qui brûle vos ordures, justement dans le coin où on va se promener. Ce qui est dur à comprendre pour une vieille comme moi, c'est que vous êtes écologique chez vous et que vous mettez vos ordures chez les autres. C'est pourtant pas difficile à arranger, je vais vous expliquer.

Quand j'étais jeune, on avait pas de poubelles, on donnait tout aux poules et au cochon, et le reste sur le tas de fumier pour le jardin. Avec le papier et le carton on allumait le feu. Le journal quand on avait bien tout lu, on coupait les feuilles en quatre et on se torchait avec. Les peaux de lapins et la ferraille c'est Taugourdeau qui passait les ramasser et il nous les payait. Vous pourriez peut-être demander à vos paroissiens de faire quelque chose comme ça :

– Les déchets de table pour les poules, le cochon ou le fumier.

– Le carton, les revues dans la cheminée pour allumer le feu.

– Demander que le *Sud-Ouest* soit imprimé sur du papier spécial pour faire comme avant.

– Le verre, il y a des bacs pour ça.

– Les assiettes cassées pour décorer les pots de fleurs.

– La ferraille aux ferrailleurs.

Qu'est-ce qu'il resterait ? Pas grand-chose, seulement le plastique. Y a qu'à dire aux magasins qu'ils en mettent moins autour des produits, et s'il en reste encore, j'ai entendu sur la 5 qu'on pouvait en faire des fibres pour tricoter, ça fait comme de la laine. Je connais pas la recette, mais avec toutes vos secrétaires vous allez bien retrouver ça. Pour plus tard quand vous aurez réussi à faire de la laine, comme j'ai cru comprendre que les écologiques étaient d'accord pour bombarder Milosevic, je vous envoie un modèle pour faire des passe-montagnes aux aviateurs américains, c'est un modèle que j'ai tricoté pour l'autre guerre, les avions sont plus pareils, mais la forme de la tête des aviateurs a pas dû changer beaucoup.

PASSE-MONTAGNE "AVIATEUR"

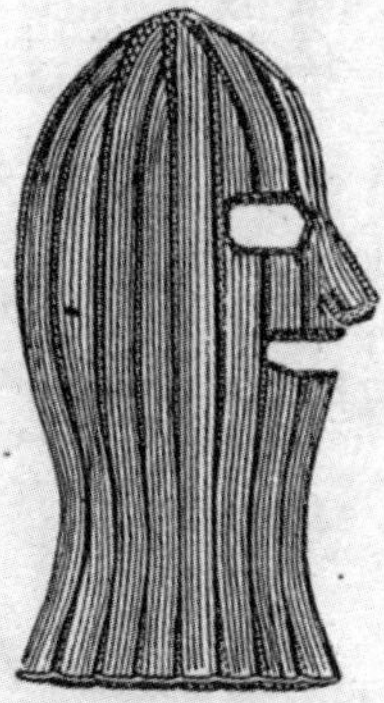

C'est le masque de laine que portent sous le casque les aviateurs. Il couvre les parties de la figure qui sont généralement à l'air et les garantit du froid, lorsque l'aviateur vole par des températures très basses.

Ce masque est établi pour une taille moyenne, mais il est nécessaire de le réajuster suivant chaque tête.

Fournitures. — Il faut 100 gr. de laine *Zéphyr*, employée double, beige clair et un jeu de 5 aiguilles de 2 m/m½.

EXÉCUTION. — Commencer par le bas. Monter 28 m. par aiguille soit 112 m. sur 4 aiguilles, tricoter en rond avec la 5e aiguille en faisant 5 m. *endroit*, 1 m. *envers*, 1 m. *endroit*, 5 m. *endroit*, etc., tout le tour.

Au tour suivant, faire 5 m. *endroit* et intervertir les 2 m. suivantes, en mettant la m. *endroit* sur la m. *envers* et inversement, pour intercaler entre les bandes au *point jersey uni*, des lignes au *point de sable* pendant 0 m. 06. Continuer les *bandes jersey* et prendre ensemble les 2 m. au *point de sable*, il ne restera plus qu'une m. entre les bandes unies et cette m. sera faite à *l'envers* (fig. 1), faire ainsi 0 m. 03.

Conserver cette m. à l'*envers* et diminuer cette fois-ci la *bande unie*, d'une m. en prenant ensemble la 1re et la 2e m.; il ne reste plus que 4 m. *unies* et 1 m. *envers*. Faire 0 m. 08 ainsi. Augmenter alors, au contraire la ligne entre les *bandes unies* d'une maille; tricoter à nouveau avec 4 m. *unies* et les lignes au *point de sable* pendant 0 m. 02.

Commencer à faire l'ouverture pour la *bouche*. Fermer 22 m. juste au milieu du masque, à l'opposé du commencement des tours et continuer le même travail mais en allant et en revenant pour faire l'*ouverture de la bouche* en hauteur; augmenter les bandes d'une m. pour retrouver 5 m. *endroit* et 2 m. de *point de sable* pour la figure; après avoir fait 8 rangs, remonter les 22 m. de la *bouche* et reconstituer le dessin soit 5 m. *endroit*

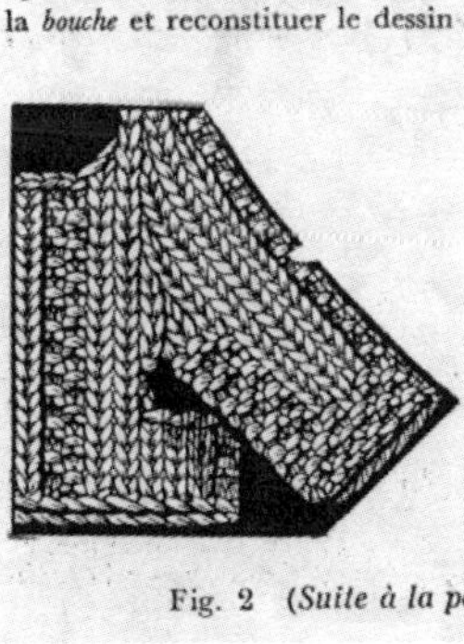

Fig. 2 (*Suite à la page suivante*)

DÉTAILS DE POINTS RÉDUITS D'UN TIERS

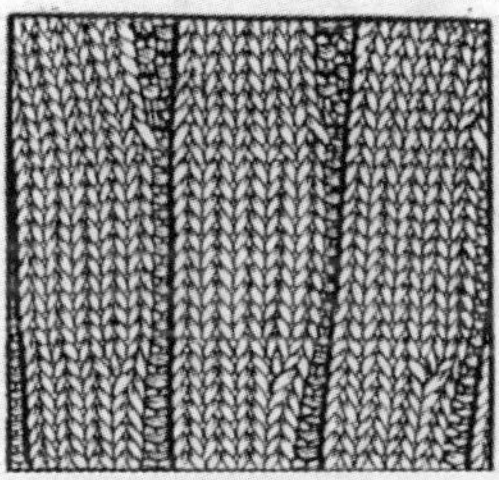

AVIS IMPORTANT

L'explication concernant le passe-montagne aviateur a été faite sur un modèle tricoté sur une tête de grosseur moyenne, s'il doit être exécuté pour un aviateur ayant une tête plus grosse ou plus petite que la normale, il est prudent d'exécuter, avant de commencer le tricot, un patron en tissu sur lequel seront indiqués la place exacte des yeux, du nez et de la bouche. Ce patron servira de guide pour l'emplacement du visage. Pour le reste, suivre sur l'explication.

Faites bien attention où c'est écrit AVIS IMPORTANT, il faut qu'ils aient bien les yeux en face des trous pour pas bombarder des Kosovars comme ils ont fait déjà.

Dans l'espoir que mes conseils éviteront que mes neveux soient empoisonnés par vos mâchefers pollués, je vous salue bien, ainsi que les Béglois et les Bégloises.

Ernestine Chassebœuf

PS : Si vous avez besoin de conseils sur d'autres sujets n'hésitez pas, vu mon âge (89), j'ai réponse à beaucoup de choses.

Ernestine Chassebœuf *le 28 avril 1999*
49320 Coutures

à Monsieur l'Abbé Chaupitre
Église Sainte-Arkosante
06 CARROS

Monsieur l'Abbé,

Le pharmacien m'a donné votre bulletin paroissial spécial sur la santé numéro 26. C'est du grand luxe, tout en couleurs, ça doit être toute cette réclame qui vous paye ça. Quand j'étais croyante, avant 12 ans, c'était le curé qui faisait le bulletin lui-même avec des tampons en caoutchouc. Après, j'ai arrêté de croire quand j'ai été intoxiquée par des religieuses (des gâteaux) à la kermesse de Rou-Marson. La santé ça m'intéresse un peu, mais tout un journal sur ça, c'est trop. Vous pourriez mettre des feuilletons, genre *Les Deux Orphelines* ou même *Le Maître de Forges*, tant pis si je l'ai déjà lu on peut penser aussi aux jeunes qui connaissent pas. Si vous faites un numéro spécial sur le jardin, ça m'intéresserait aussi : envoyez-le directement à mon adresse, je vais pas souvent à la pharmacie, surtout quand c'est celle de Beaulieu-sur-Layon qu'est de garde.

Bon, je ne vous écris pas pour vous raconter ma vie, mais pour me plaindre de votre formule N° 7. J'ai des insomnies, comme vous devez le savoir si vous lisez *Télérama,* alors depuis que j'ai eu votre formule je la répète 20 fois chaque soir, et je dors toujours aussi mal. D'abord c'est pas facile à dire :

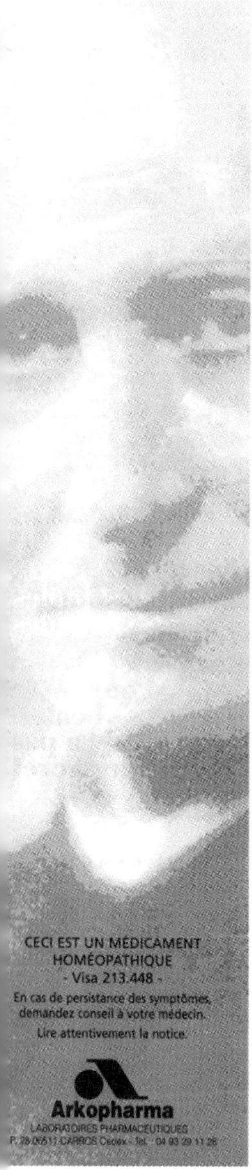

LA FORMULE N° 7 de l'Abbé Chaupitre

est une réponse homéopathique aux INSOMNIES

- **Indications**
  Nervosité, troubles du sommeil, insomnies.
- **Propriétés**
  Sédatif nerveux.
- **Formule**
  Chamomilla, Hyosciamus niger, Pulsatilla, Helleborus, Ignatia, Opium : *āā 6 CH*.
- **Posologie**
  5 à 6 gouttes,
  3 fois par jour.
  Insomnie : prendre 10 gouttes, 1 heure après le repas du soir.
- **Présentation**
  Flacon de 20 ml.

CHAMOMILLA
HYOSCIAMUS NIGER
PULSATILLA
HELLEBORUS
IGNATIA
OPIUM : $\overline{aa}$ 6 CH

Je sais pas comment $\overline{aa}$ ça se prononce, c'est peut-être ça qui fait que ça marche pas. J'ai pas acheté les gouttes, mais déjà si la formule marche pas, les gouttes elles doivent bien être faites aussi avec de la poudre de Perlinpinpin, j'y crois pas trop, mais je veux bien essayer si vous m'en envoyez un échantillon. Je vous autorise à publier ma lettre dans votre courrier, vous mettez jamais des lettres qui se plaignent, ça changera.

À votre service,

Ernestine Chasseboeuf

Ernestine Chasseœuf *le 30 avril 1999*
49320 Coutures

à Monsieur le Directeur des Oiseaux
LPO, 136, rue Falguière
75015 PARIS

Monsieur le Directeur,

Je vous fais taper une lettre pour un renseignement : j'aime beaucoup les oiseaux, je leur mets des graines l'hiver et j'ai des nichoirs dans mon jardin, même qu'ils nichent partout sauf là. Donc je les connais bien, les moineaux, les mésanges, les merles et même des plus rares comme les pies, ça c'est voleur comme oiseau. Si je vous dérange dans votre travail c'est parce que l'autre jour, quand je plantais les patates il y en avait un qui me suivait partout. Faut que je vous dise que j'ai 89 ans et que c'est la première fois que j'en voyais un comme ça : plutôt noir ou gris, grosseur entre la Courvite Isabelle et le Limnodrome de mon Larousse, une tache rouge au-dessus de l'œil droit et une bavette un peu rayée. Les pattes, c'est des grosses avec des plumes comme des poils. La queue a des couleurs et elle traîne un peu par terre quand il marche. Le cri quand on veut l'attraper c'est KWEK KWEK GRUK et quand il vole c'est plutôt TAKA TAKA TAKA. Depuis je l'ai revu souvent, il me quitte plus mais il veut pas se laisser approcher. Quand on lui parle, il bouge la tête de côté on dirait qu'il comprend tout, ça fait une compagnie.

J'espère qu'avec tous ces renseignements vous pourrez me dire comment ça s'appelle et surtout je voudrais savoir si c'est comestible et si vous auriez pas une recette pour le préparer (il en faudrait combien pour trois personnes, j'inviterais les Mougin).

En m'excusant de vous avoir fait perdre votre temps et en vous remerciant pour tout ce que vous faites pour les oiseaux, je vous salue bien,

Ernestine Chasseboeuf

Ernestine Chassebœuf *le 1er mai 1999*
49320-Coutures

à Monsieur Tenminste
Célia La Chaussée aux Moines
53400 Craon

Monsieur Tenminste,

Maintenant qu'on se connaît mieux, je me permets de vous appeler par votre prénom, pas la peine de faire tant de manières. La carafe est magnifique, je vous remercie de votre rapidité. Elle est arrivée entière, même sans papier journal, fallait pas vous gêner pour moi, vous auriez pu mettre les épluchures avec, je les aurais données aux poules. Vous avez eu de la chance de me retrouver, ma boîte aux lettres est chez les voisins, mais moi je suis troglodyte, j'habite en dessous dans des caves. Le facteur est au courant, il y a pas de problème.

Je suis désolée pour votre bras cassé, vous auriez pas dû faire ça une nuit de pleine lune, on aurait pu vous voir et pour un chef d'entreprise, ça la fout mal. En espérant que ça vous gêne pas trop pour mouler à la louche, je vous envoie un poème sur votre fromage. Je vous avais dit que je le trouvais pas fameux, mais j'ai lu dans *Point de Vue* que le poète Aragon il pouvait pas blairer Elsa Triolet et pourtant il a fait des beaux poèmes rien que sur ses yeux. Vous pouvez vous servir de mon odelette pour votre publicité, c'est gratuit. Vous pouvez même la faire passer à France-Inter, je me suis débrouillée pour pas mettre votre marque. À France-Inter je connais un peu Michel Grégoire, mais je ne sais pas encore s'il lit les poèmes de fromage.

Je vous ai mis une bouteille de vin, il est de par chez nous mais les bulles sont faites à Saumur, vous pouvez y aller, c'est du bon. J'espère que ça sera pas cassé, parce qu'avec ces espèces de cartons à bouteilles de la poste, y'a presque pas de place pour mettre du journal.

Buvez à ma santé, et en vous remerciant encore de votre gentillesse, je vous envoie mes salutations,

Ernestine Chassebœuf

Odelette au fromage

J'aurais pu encenser le Caprice de mes dieux
Le Pont-l'Évêque normand, le Maroilles du Curé,
Le Crottin des Nonnettes, la Fourme de l'Abbé,
Tout le clergé en fait depuis Vatican Deux.
C'eût été très facile, de trouver qui louer,
Parmi tous ces fromages, trois cent soixante cinq
Dit-on qu'il y en a, sans compter le Mézenc
les années bissextiles,
Et le fromage de bique de Saint-Loup-sur-le-Thouet.
Mais ma muse m'a dit, ne gaspille pas tes vers
À vanter des fromages qui en sont déjà pleins,
J'en connais me dit-elle, un qui vient de l'enfer,
Il a un sacré goût, tartiné sur du pain.
Inventé à Craon,
Un gros bourg de Mayenne,
Bien avant Mac-Mahon,
(c'est de l'histoire ancienne),
Sa pâte est onctueuse, elle a le goût du beurre,
Sa croûte douce et blonde est couleur de l'avoine,
Sa fragrance est légère, et rappelle à son heure
L'odeur de la sandale qu'on a chaussée au moine.

Ernestine Chassebœuf

Madame Ernestine Chassebœuf *le 3 mai 1999*
49320 Coutures

à Roland Ruquier
Amuseur du midi à France Inter

Monsieur Ruquier,

Si je vous fais taper une lettre, c'est à cause de la colère qui me monte. Si j'écrivais pas, j'aurais trop de tension et les formules de l'abbé Chaupitre ça me fait rien.

Ma colère c'est à cause de cette dame Sarôte que vous faites parler à longueur de temps. Elle dit tellement de conneries que c'en est une insulte pour le troisième âge dont je fais partie et peut-être même du quatrième, je sais pas quand ça commence. Elle croit toutes les bêtises qu'elle voit à la télé, elle répète n'importe quoi, et surtout elle est pour la guerre, on voit bien que c'est pas elle qu'est sous les bombes à Belgrade. Au lieu d'aller traîner à la radio, elle ferait mieux de s'occuper de son fils qui s'est fait embobiner dans une secte et de son mari qui mange sa paye d'Académicien en jouant au tiercé, j'invente rien, c'est elle qui le dit.

Si elle s'ennuie à la maison, je lui envoie un modèle pour tricoter des cagoules aux aviateurs américains. Qu'elle fasse bien attention où c'est écrit AVIS IMPORTANT, faut qu'ils aient bien les yeux en face des trous si elle veut qu'ils en massacrent un maximum !

La Bravo c'est pareil, j'y ferai sa fête un jour, y'a pas mal à dire sur elle.

Si vous les foutez à la porte, inutile de chercher à m'embaucher, je vous le dis d'avance : c'est NON.

En continuant à vous écouter en attendant Louis Bozon, je vous salue bien,

Ernestine Chasseboeuf

Madame Ernestine Chassebœuf *le 4 mai 1999*
49320 Coutures

à M. ou Mme T. Bos
chez M. Eugène Belin,
8, rue Férou
75278 Paris Cedex 06

Monsieur ou Madame,

Vous avez bien gentiment répondu à ma demande sur les gâteaux, en me disant que vous n'étiez pas Belin de chez Lu mais un Belin qui fait des livres. C'est justement à ce propos que je me permets de vous déranger à nouveau. J'ai commencé à écrire des poèmes mais je sais pas si ça vaut quelque chose. Ceux à qui je les montre me regardent bizarre, je crois qu'ils comprennent rien à la poésie. Vous comprenez ici, c'est la campagne, c'est pas comme à Paris où tout le monde est cultivé. Je les ai montrés à un poète d'ici, mais il m'en dit pas grand-chose, je me demande s'il y pas un peu de jalousie. Donc je vous les envoie, il y en a pas beaucoup, mais si ça vous intéresse, je pourrai vous en écrire une centaine d'ici juin pour faire un livre. Je ne suis pas difficile, même si c'est qu'un livre de poche dans les bureaux de tabac, ça ira quand même, parce que par ici il y a plus de bureaux de tabacs et de bistrots que de librairies.

Répondez-moi, même si c'est pour me dire non, j'essaierai ailleurs. De toute manière, vous pouvez garder les feuilles : avec son ordinateur, mon petit-fils peut en faire autant qu'il veut, rien qu'en appuyant sur un bouton.

Dans l'attente de votre réponse, salutations d'

Ernestine Chassebœuf

Madame Ernestine Chasseboeuf *le 6 mai 1999*
49320 Coutures

à M. et Mme Krembel
Directeurs de la Cave littéraire de Coutures

Chers amis,

Je ne vous connais pas encore, mais j'ai entendu parler de vous, alors quand j'ai vu dans la boîte de la mairie que vous alliez convoler, je me suis dit que j'allais pas rater l'occasion d'écrire un épithalame, surtout pour vous qu'aimez la poésie. C'est difficile comme genre, y en a pas beaucoup qui s'y risquent, même Rimbaud, y en a pas un dans le livre que j'ai. Je vous ai peint ça sur une assiette pour vous faire un souvenir, les dessins sont pas de moi, je les ai copiés sur un livre, mais comme j'avais que 3 couleurs ça n'a pas été facile. Vous pouvez l'accrocher au mur, comme c'est dit vers la fin, mais si ça va pas avec la couleur de votre tapisserie, pas de problème, je viendrai vous aider à retapisser.

Je passerai un jour vous montrer mes autres poèmes, j'ai demandé à Belin de me faire un recueil, cette fois je me suis pas trompée de Belin, j'ai bien envoyé à celui des livres et pas à celui qui édite des gâteaux secs. Je lui ai dit que j'étais pas bien exigeante, le principal c'est qu'ils soient imprimés, même si c'est qu'en livre de poche. Pour l'épithalame, comme c'est un poème très personnel, je vous demanderai la permission avant.

Je vous souhaite beaucoup de bonheur dans votre ménage, à vous et à vos grands enfants, et si vous avez besoin de poèmes pour votre cave littéraire, n’hésitez pas, j’en ai encore à essayer : hymne, idylle, rondeau, épigramme, églogue, sonnet d’à revers et bien d’autres que je ne connais pas. J’ai déjà fait l’odelette, je crois qu’elle est bonne.

Je vous embrasse par anticipation,

Ernestine

EPITHALAME
Pour fêter votre hymen je voulais vous offrir
Quelque chose de beau qui pourrait vous servir.
Sans liste de mariage, c'était très difficile,
Un coffret à nougats ? Un chauffe-pieds sans fil ?
Et puis un beau matin, je me dis tout de go
Je m'en vais leur offrir un service à gigot.
C'est un manche avec vis et un grand coutelas
Pour couper le gigot, les jours où il y en a.
Aussitôt commandé j'ai reçu mon service,
Si ça n'a pas traîné, c'est bien grâce aux Trois Suisses.
Fière de mon achat, je montrais aux amis
Comment l'aluminium imite l'orfèvrerie,
Hélas, ils m'ont tous dit : c'est de notoriété
Que donner un couteau ça coupe l'amitié,
Mais ma pauvre Ernestine, offre donc une assiette,
De celles qui s'accrochent au mur dans les toilettes
Et pour que l'amitié vous conserve sa flamme,
Va vite remballer ton manche
et pis ta lame.
Ernestine Chassebœuf

Pour fêter votre hymen je voulais vous offrir
Quelque chose de beau qui pourrait vous servir.
Sans liste de mariage, c'était très difficile,
Un coffret à nougats ? Un chauffe-pieds sans fil ?
Et puis un beau matin, je me dis tout de go
Je m'en vais leur offrir un service à gigot.
C'est un manche avec vis et un grand coutelas
Pour couper le gigot, les jours où il y en a.
Aussitôt commandé j'ai reçu mon service,
Si ça n'a pas traîné, c'est bien grâce aux Trois Suisses.
Fière de mon achat, je montrais aux amis
Comment l'aluminium imite l'orfèvrerie,
Hélas ils m'ont tous dit : c'est de notoriété
Que d'offrir un couteau ça coupe l'amitié,
Tu devrais, Ernestine, décorer une assiette,
De celles qui s'accrochent au mur dans les toilettes,
Et pour que l'amitié vous conserve sa flamme,
Va vite remballer ton manche,
et pis ta lame.

Ernestine Chassebœuf

Ernestine Chasseboeuf *le 7 mai 1999*
49320 Coutures

à Monsieur Olivier Magnan
Chef du magazine soi-disant du Net
101-109, rue Jean-Jaurès
92300 LEVALLOIS-PERRET

Monsieur le Directeur,

J'ai 89 ans et c'est vrai que des fois à ces âges-là on fait plus tant le ménage qu'avant au début de mes mariages quand j'avais toujours le plumeau à la main et un foulard sur la tête. C'est pour ça que mes petits-enfants m'ont fait des réflexions, c'est pas net chez toi mémé : pas net, pas net, c'est peut-être un peu le bazar, mais ça peut pas être bien sale puisque je fais le grand ménage à Pâques tous les ans. À force de les entendre, j'ai fini par acheter votre journal d'avril au bureau de tabac. *Net, tout sur le net*, avec une machine à laver et de la layette sur la couverture. 35 Francs, c'est aussi cher qu'un baril de lessive, enfin puisque c'est pour faire plaisir, on est moins regardant.

J'ai été bien déçue, c'est rien que des trucs que j'y comprends rien, rien sur le linge ni sur le carrelage. C'est un bel attrape-nigaud. J'ai essayé de le changer au tabac contre un *Point de Vue*, rien à faire, ils ont pas voulu le reprendre sous prétexte que j'ai essayé le petit disque sur mon phono et qu'il est tout rayé, forcément il est tellement microsillon qu'il y a plus de sillons du tout.

Enfin comme vous voyez, je suis un peu colère, alors pouvez-vous me le rembourser ou m'envoyer un vrai magazine à la place ? Je vous envoie le code à barre, ça prouve. Je sais pas comment vous arrivez à vendre ça, c'est que de la réclame et il y même pas de feuilletons,

Même si vous refusez, renvoyez-moi un mot, c'est plus poli,

Je vous présente mes salutations sans rancune,

Ernestine Chassebœuf

C'est le rédacteur en chef lui-même qui m'a répondu une longue lettre pour m'encourager à lire son magazine plutôt que la concurrence, mais sans parler de ménage ni de feuilletons :
« Votre sens de la formule et vos tentatives pour vous vieillir sont dignes d'un Romain Gary/Ajar, mais votre double vie ne regarde que vous… », j'ai rien compris.

Madame Ernestine Chassebœuf *le 10 mai 1999*
49320 Coutures

à Monsieur Philippe Val
de Charlie-Hebdo

Monsieur,

Je vous en veux beaucoup d'avoir fait pleurer mon vieux copain le facteur-poète Jules Mougin en écrivant des âneries dans votre journal numéro 358. Il me l'a fait lire, c'est vrai que ça surprend de voir ça écrit par vous : *Dire non à la guerre ne veut rien dire, on est obligé de faire la différence entre les guerres...* J'ai l'habitude de lire votre journal, mon voisin me le passe quand il l'a fini. Vous devriez arrêter d'écrire pendant un moment, vous devez être fatigué, ou alors écrivez dans *Le Monde,* il paraît que le patron c'est un marchand d'armes, il refuserait pas de vous embaucher. On peut quand même pas écrire et chanter contre les militaires pendant 20 ans pour aller leur lécher le cul à la première occasion.

Je continuerai à lire votre journal puisque je l'achète pas et en plus heureusement y en a encore là-dedans qui pensent pas comme vous. Prenez quand même pas Bigeard comme rédacteur en chef adjoint, sinon je le lis plus du tout et comme je le passe à d'autres après moi, ça vous ferait des lecteurs en moins.

Si vous décidez de vous reposer pour réfléchir un peu, vous allez vous ennuyer, alors je vous envoie un modèle de cagoule à tricoter pour les aviateurs américains, vous êtes le troisième à qui j'en envoie après Noël Mamère et la Sarôte qui dit des conneries plus grosses qu'elle le midi chez Ruquier. Faites bien attention où c'est écrit AVIS IMPORTANT, si les trous sont pas en face des yeux, pourrait y avoir des bavures et vous seriez responsable de ça aussi,

Bonnes vacances,

Ernestine Chassebœuf

Madame Ernestine Chasseboeuf *le 10 mai 1999*
49320 Coutures

à M. le Premier Magistrat de la
Commune de Salles en Gironde

Monsieur le Maire,

J'ai été invitée chez de la famille à Salles il y a un mois environ, et on a été se promener dans le parc naturel près de chez vous, enfin il paraît qu'on était dans le parc naturel, moi j'ai pas trouvé ça plus naturel qu'ailleurs, mais c'est très joli, surtout les bords de la rivière, ça change de par chez moi. Je connais plusieurs endroits en France, Botz-en-Mauges où je suis née, Rou-Marson où j'ai fait ma communion, Coutures où j'habite maintenant, je peux vous dire que vous avez une des 4 plus belles communes de France, et je sais de quoi je parle. C'est pourquoi je vous le dis, ne vous laissez pas embobiner par le Maire de Bègles, sous prétexte qu'il est écologique il voudrait mettre ses ordures chez vous, comme j'ai lu sur le *Sud-Ouest.* Vous avez raison de résister, faut pas laisser faire ça, je vous soutiens cent pour cent même si je vote pas dans votre commune. Il peut pas faire grand-chose si vous n'êtes pas d'accord, mais à mon avis ça doit cacher une histoire de gros sous. Continuez à faire comme avant, donnez vos ordures aux poules et aux cochons et le reste mettez-le dans votre dépotoir, c'est aussi écologique que de brûler tout ça à l'usine pour empuantir tout le voisinage et après pas savoir quoi faire avec la cendre. Le dépotoir, on est tombés dessus par hasard en se promenant pas loin de chez vous, il est très joli, j'ai même trouvé des chaussures toutes bonnes, c'est deux pieds gauches mais comme c'est du 42, ça se voit pas. C'est dommage qu'il soit si mal signalé, votre dépotoir, ça pourrait vous attirer des touristes, chez nous par exemple ça fait au moins dix ans qu'il y en a plus et j'étais bien contente de revoir ça. Comme j'ai toujours mon kodak quand je voyage à cause des chefs-d'œuvre en péril, je vous envoie quelques photos, si vous voulez en faire des cartes postales à vendre pour le syndicat d'initiative, c'est d'accord, mais mettez bien mon nom derrière.

J'ai pas signé votre pétition parce que j'habite pas votre commune, mais le cœur y est, tenez bon,

Ernestine Chassebœuf

PS : J'ai pas mis Maire de Salles en entête, je trouve que ça sonne mal. Chez nous en Maine-et-Loire, c'est pareil pour Seiches, tout le monde veut bien être élu au conseil, mais quand il faut voter le Maire de Seiches, y a plus personne. Vous pourriez pas vous réunir avec le Maire de Molles dans l'Allier pour demander à ce qu'on vous appelle bourgmestres, pourquoi ça serait réservé qu'aux Belges ?

Pour votre bulletin communal, je vous envoie un poème que j'ai écrit sur le bourrier de Belin-Béliet, j'en suis pas mécontente.

La complainte du bourrier

Ô joli tas d'ordures, magnifique bourrier
Que j'ai pu visiter avec un grand bonheur,
Jamais le mâchefer n'égalera ton odeur
Que j'ai redécouverte près de Belin-Béliet.

Tout ici est plaisant et flatte ma narine,
Senteur de pneus brûlés, fumets d'huile de vidange,
Ah ! que j'aime fouiller parmi les vieilles bottines,
Même si en revenant des fois ça me démange.

Petit peuple des rats et des chats de gouttière,
Qui vivez insouciants dans ce cadre enchanteur,
Quand tout ça partira à l'incinérateur,
Qu'adviendra-t-il de vous sans ordures ménagères ?

On vous regrettera, beaux dépotoirs d'antan,
Bourriers de nos anciens aux parfums enivrants,
Quand l'usine Astria pour enfin nous faire taire
Nous aura étouffés sous ses tonnes de mâchefer.

Ernestine Chassebœuf, 89 ans

On m'a envoyé des nouvelles : le dépôt des mâchefers ne s'est pas fait et le vieux dépotoir est fermé, mais il est encore ouvert dans nos cœurs.

Madame Ernestine Chasseboeuf *le 11 mai 1999*
49320 Coutures

à M. Bernard Pagneux
Directeur de Viking

Monsieur Pagneux,

Je vous remercie pour le cadeau que vous avez envoyé à mes voisins, une petite radio comme je cherchais depuis longtemps. Vous avez beaucoup de bonnes idées, d'abord de vous appeler Viking, ça doit faire vendre, le xandinave ça revient à la mode, moi c'est pas d'aujourd'hui que j'aime ça puisque c'est depuis Botz-en-Mauges à une conférence sur les Esquimaux. Les voisins, ils m'ont donné la radio, ils en avaient déjà une grosse, mais ils ont gardé la pendule. C'est bien dommage, c'est justement une comme ça que je voulais. J'en ai demandé une de réclame avec le sucre Daddy, mais ils m'ont jamais répondu, sans doute parce que j'ai pas mis le chèque et les codes à barre. Une bonne idée encore, c'est de faire des cadeaux aux clients. J'aimerais bien être cliente chez vous, mais c'est juste pour la pendule, parce que je ne me sers pas des affaires que vous vendez, sauf de la lessive, mais elle est bien plus chère que chez le Relais des Mousquetaires, et faut l'acheter par 20 kilos j'en aurais pour dix ans !

Ce que je voulais vous demander c'est de m'envoyer la pendule cadeau avec une petite commande mais j'ai pas de bon, j'ai trouvé le catalogue dans la poubelle et le bon a été enlevé. Mettez-moi donc juste un crayon à papier et une gomme, c'est pour faire les mots croisés du *Canard enchaîné*

NOUS AMENONS CHEZ VOUS NOTRE SUPER MAGASIN
VIKING DIRECT
Vos fournitures de bureau favorites au meilleur prix, en moins de 24 heures
Prix valables jusqu'au 28 Août 199
CATALOGUE
ENTREPÔTS ET MAGASINS
DES PRIX CHOC
Bernard Pagneux
Directeur de Division
"Pourquoi payer plus cher vos fournitures ? Économisez jusqu'à 61% et faites-vous livrer dans les 24 heures, GRATUITEMENT* !"
FILM A BULLES
En vente page 2
EXPÉDITION
Pages 2 à 17
RAYONNAGES

Les mains ne sont jamais en contact avec les ordures.

Des balais très résistants, indispensables pour une propreté impeccable.
BALAIS DE MÉNAGE
ECONOMISEZ JUSQU'A 28%

des voisins, quand ils les ont finis, je les gomme et j'essaie de les refaire mais c'est pas facile.

Je sais pas si c'est une grosse boîte chez vous, mais vous devriez embaucher quelqu'un pour balayer et sortir les poubelles, c'est pas le rôle du directeur. Au moins mettez votre salopette de la page 47 pour balayer à la page 57, ça économiserait votre pantalon et vous collez pas les poubelles comme à la page 3, gare à la chemise.

Comme je me sers plus des chèques de la poste, je vous mets 3 timbres pour les frais, ça doit suffire pour un crayon et une gomme, et n'oubliez pas ma pendule.

J'attends ma commande et je vous en remercie,

Ernestine Chasseboeuf

Madame Ernestine Chassebœuf *le 11 mai 1999*
49320 Coutures

à Monsieur Gérard Milère,
le midi à France Inter

Monsieur,

J'aimais bien vous entendre dans le poste avant la guerre, mais là depuis quelque temps vous me faites plus rire, vous n'êtes pas plus malin que la Bravo que pourtant vous pouvez pas blairer, moi non plus. Dire ce que vous avez dit aujourd'hui sur la guerre, ça montre bien que vous avez pas changé, vous gobez toujours toutes les conneries qu'on vous raconte comme quand vous étiez pour les Chinois. On voyait pourtant bien quand ils levaient le bras en l'air les Chinois, que c'était le même geste que les nazis faisaient devant Hitler sauf qu'à l'époque ils avaient pas pensé à prendre un livre rouge parce que les actualités étaient en noir et blanc.

Conclusion : vous dites n'importe quoi et c'est pas d'aujourd'hui, mais à la radio vous parlez à des millions de gens, alors faites attention. Comme à la Sarôte, à Philippe Val et à Mamère, je vous envoie un modèle pour tricoter des cagoules à vos amis américains, ça vous occupera.

Faites bien attention où c'est écrit AVIS IMPORTANT, faudrait pas qu'ils aillent encore bombarder vos amis chinois, ça pourrait faire une guerre mondiale, mais c'est peut-être ça que vous voulez.

Reposez-vous un peu, vous fatiguez

Ernestine Chassebœuf

J'ai eu une réponse, « J'ai reçu, j'ai pris note ». A mon avis, c'est pas lui qui l'a écrite, mais j'ai gardé la signature pour ma collection.

Ernestine Chassebœuf *le 17 mai 1999*
49320 Coutures

à M. Joseph Belin,
Avenue Ambroise-Croizat
91130 Ris-Orangis

Monsieur,

Je vous écris d'urgence, pour annuler ma commande du 5 mars, pour le lactosérum, l'émulsifiant, la lécithine et l'anti-oxygène. C'est pas la peine de m'en envoyer, vous devez bien vous foutre de vos clients pour pas vous être occupé de moi depuis 2 mois et demi, heureusement que j'attendais pas après ça pour manger. De toute façon, des gâteaux, j'en mange plus après tout ce qui arrive on est plus sûr de rien, de la dioxine et toutes ces affaires chimiques, on a plus confiance. Puisqu'ils font manger toutes ces saloperies aux vaches je mange plus de viande et je bois plus de lait, j'ai perdu 9 kilos je vais pouvoir remettre mon tailleur que j'avais acheté en 1957 pour les noces de velours (29 ans de mariage). Quand vous recommencerez à faire des vrais gâteaux avec de la farine, faites-le dire à la réclame du poste, on en achètera s'ils sont bons.

Je vous souhaite de bien faire le ménage dans votre laboratoire et j'espère que cette lettre vous trouvera de même, salutations sincères d'

Ernestine Chassebœuf

PS : Vous avez pas des secrétaires pour répondre aux lettres ? J'écris souvent à d'autres directeurs, ça m'arrive d'avoir des réponses.

Ernestine Chassebœuf *le 22 mai 1999*
49320 Coutures

à Monsieur le patron de la Fromagerie
des Halles à Angers

Monsieur,

Si je me permets de vous déranger dans votre commerce, vous comprenez bien que c'est pour une affaire grave. C'est rapport à mes voisins qui m'ont offert un fromage de chez vous. Il sent tellement fort que ça fait longtemps que j'en ai pas senti du comme ça. Le *Chaussée aux Moines* à côté c'est de la rigolade, comme tous ceux qu'on peut acheter à Hyper U ou au Relais des Mousquetaires, quand ça pue c'est que la date est dépassée, autrement rien.

Ce que je voudrais être sûre, c'est qu'il a pas la mystériose comme on a vu à la télé. C'est vrai que mes voisins c'est des bons voisins avec moi, mais comme ils ont ma maison en viager, c'est quand même plus prudent de se renseigner sur le fromage avant, après ça serait trop tard, surtout pour une vieille personne comme moi. Vous allez le reconnaître facilement, c'est un fromage bien coulant, jaune doré, un peu moins lourd qu'une demi-livre de beurre, mais rond. J'ai peur si vous tardez à me répondre qu'il soit tout coulé vu que je le mets pas au frigo en cas qu'il donne l'odeur à tout.

J'ai un livre de Bellemare sur les crimes parfaits, y a rien sur le fromage-killer mais si ça se mettait à exister je voudrais pas être la première victime, surtout que ça ferait pas de réclame à la commune et à vous non plus.

J'attends votre réponse, j'espère que ça sera négatif, parce qu'il a l'air bon le fromage, merci d'avance.

Ernestine Chasseboeuf

PS : J'envoie un double de la lettre au notaire qu'a fait le viager, comme je fais toujours quand y a un doute. Si des fois c'est un crime, ça leur profitera pas.

Ernestine Chassebœuf *le 22 mai 1999*
49320 Coutures

à Monsieur Jean-Bernard Pouy
écrivain d'agriculture

Monsieur,

C'est sous le coup de la colère que je vous écris. Je cherchais depuis longtemps un livre sur les pommes de terre, j'ai trouvé le vôtre sur la Belle de Fontenay au vide-grenier de Coutures. C'était que 5 Francs, heureusement parce que plus cher ça les vaudrait pas. Sur les pommes de terre il y a pas grand-chose, c'est que des histoires de professeurs et de politique et j'ai rien compris. C'est de la publicité mensongère, aurait fallu mettre : « *Séduite et assassinée par son professeur* » ou « *Le crime odieux du bidon de jardin* », ç'aurait été plus clair pour tout le monde et je ne me serais pas fait attraper. La prochaine fois, si vous voulez écrire des histoires de fesses c'est pas la peine de mélanger avec des recettes de potager pour attraper les vieux et leur faire dépenser leurs sous. En plus, sur les pommes de terre vous faites celui qui s'y connaît, mais on est pas dupe on voit bien que c'est de la frime, c'est pas le manche de la bêche qui doit vous faire souvent des poulettes aux mains.

Pour le crime c'est pareil, si vous croyez que c'est si facile de rentrer une belle fille comme ça dans un bidon de jardin, on voit bien que l'arrosage et vous ça fait deux. En 44 on a essayé avec mon mari, c'était pas un bidon, c'était une barrique et c'était pas une fille, c'était un voisin, eh bien je peux vous dire qu'il faut pas attendre la frigidité cadavérique, sinon faut débiter en morceaux et ça c'est pas ragoûtant. Enfin tout ça c'est de l'histoire ancienne, c'est quand mon mari était de la Résistance, il achetait des affaires dans les fermes pour nourrir les gens de la ville qui manquaient de tout. Il a bien failli être dénoncé, heureusement qu'on avait la barrique.

Si vous écrivez d'autres livres agricoles, vous pouvez me les envoyer, je vous dirai ce que j'en pense, ça vous fera faire des progrès, avec les meilleures salutations d'

Ernestine Chasseboeuf

PS : J'ai de la Belle de Fontenay dans mon jardin, elle est toute en fleur, si vous passez par là à la saison, y en aura quand même un kilo pour vous, j'ai pas de rancune.

Jean-François Amary

à Madame Ernestine Chassebœuf
49320 Coutures

Chère Madame,

Ma réputation de pacifiste est surfaite, et ma dame prétend qu'au lieu d'aller aux Congrès de l'Union Pacifiste, je ferais mieux de ne pas « faire la guerre » dans mon foyer.

Fromages ou pas, les guerres sont toujours faites pour des questions d'économie. C'est plus souvent pour du pétrole ou des diamants que pour du fromage, mais pourquoi pas ? Ne s'agirait-il pas dans ce cas bien précis, de yaourt au goût bulgare ?

Bien d'accord avec vous sur les boissons et nourritures pour Américains. J'imagine qu'à Coutures, vous êtes à l'abri pour encore un bon moment des burgers malodorants.

Le journal UNION PACIFISTE est à peu près seul à dénoncer le bourrage de crânes, et dans des journaux qu'on croyait pacifistes de cœur comme CHARLIE HEBDO, plusieurs rédacteurs justifient la guerre des Balkans.

Bien que je n'y connaisse strictement rien en poésie, j'ai bien aimé vos trois poèmes, et je vous encourage à en écrire sur la paix, le plus beau des sujets.

Je n'ai jamais cherché de rimes mais pourquoi pas commencer aujourd'hui ? Alors pardonnez-moi si elles ne sont pas bien riches. Quand on débute, on n'est pas fortuné.

Canons/Moutons. Chars/Canards. Tanks/Planque. Fusil/Outil. Baïonnette/Bistouquette. Mitraillette/Bicyclette. Rosière/Arrière. Guerre/Tonnerre. Paix/Vrai.

Casque/Basque (béret). Balle (de fusil)/Balle (de foin). Militaire/Inutilitaire. Adjudant/Fainéant. Adjupette/ Roupettes. Mangin (Général)/Mougin (facteur). Déserteur/Homme de cœur. Insoumis/Mon Ami. Patrie/Parti. Mitraille/Canaille. Grenade/Poilade.

Vous voyez, je ne suis pas doué. Vous feriez certainement mieux de demander conseil à Jules Mougin, qui est très calé en poésie.

Je vous souhaite une belle réussite.

Ne négligez pas pour autant votre jardin. C'est certainement lui votre plus joli poème. Il doit être magnifique par ces temps avec toutes ces fleurs et ces fruits rouges.

Bien cordialement, et surtout bien pacifiquement,

J.-F. Amary

Ernestine Chassebœuf *le 3 juin 1999*
49320 Coutures

à Monsieur Amary, pacifiste

Monsieur,

On peut dire que vous avez mis du temps à me répondre. Je croyais bien que ça viendrait jamais. Il paraît que la guerre va être finie, mon poème va arriver trop tard.

C'est pas grave, tant mieux pour les Serbes et les Kosovars et tant pis pour la viande aux hormones et le fromage pasteurisé que les Américains vont nous obliger à bouffer.

Je vous envoie des lettres que j'ai expédiées un peu partout quand la colère me prenait. C'est pratique avec l'ordinateur du voisin on peut les recopier tant qu'on veut.

J'ai trouvé une vieille machine à écrire au dépotoir pendant des vacances en Gironde, ils ont des beaux bourriers là-bas, on trouve toutes sortes d'affaires. Comme ça, je pourrai taper toute seule sans montrer mes lettres à personne.

Je me suis mise au poème dès que vos rimes sont arrivées, j'ai fait ça en trois coups de cuillère à pot, ça se voit un peu, mais ça ira quand même. J'ai pas mis les deux dernières rimes grenade-poilade, ça me faisait trop, je les garde au frais pour une autre fois.

J'ai des tomates et des patates au jardin, elles sont toutes en fleur. J'ai acheté un livre sur la Belle de Fontenay, je me suis fait avoir c'est que des histoires de crime. J'ai écrit à l'auteur, je vous ai mis la lettre.

Je termine en vous envoyant mon meilleur souvenir, si quelqu'un veut bien m'emmener j'irai peut-être vous voir cet été.

J'attends votre réponse,

Ernestine Chasseboeuf

La paix, là-dedans !

Otan, suspends tes vols et fais taire tes canons,
Rappelle tes soldats et arrête tes chars,
Les troufions de chez nous ne sont pas des moutons,
Ils sauront déserter dès qu'ils en auront marre.
(aux canards).

Quand bientôt les soldats auront quitté leurs tanks,
Que même les chasseurs briseront leurs fusils,
Les objecteurs enfin, fatigués d'être en planque,
Pour reconstruire le monde sortiront leurs outils.

Un monde à rebâtir sans bombes ni baïonnettes,
Missiles, guerre des étoiles, poignards ni mitraillettes,
La seule au garde-à-vous sera la bistouquette,
Pour saluer Mouna, Vive la bicyclette !

À Pessac et ailleurs on fêtera les rosières,
Plus jamais désormais on ne verra de guerre,
Un monde sans connards ça sera du tonnerre,
Et même les planques reviendront de l'arrière.

Il sera temps enfin de déclarer la paix,
Tous les Dupont-la-Joie, baguette et béret basque,
Trouveront qu'il est temps enfin, et pour de vrai,
De vivre désarmé et sans mettre de casque.

Plus jamais de fusil et plus besoin de balles,
On pourra enfin dire adieu aux militaires,
Ils iront dans les champs rentrer le foin en balles,
Avec leurs gros camions, ces inutilitaires.

Capitaines de corvettes, Lieutenants, Adjudants,
Estafettes, Sergents-Chefs, Colonels, Adjupettes,
On verra dans les champs si tous ces fainéants
Ont autant de courage qu'ils se croient de roupettes.

Jamais plus aux oreilles ne sonnera la mitraille,
Jamais plus on ne nous parlera de Patrie,
On ne se fera plus avoir par les canailles,
On prendra pas notre carte car on sera partis.

Les mutins de dix-sept, fusillés, déserteurs,
Les victimes en tout genre du Général Mangin
Reviendront de l'enfer et en hommes de cœur
Viendront fêter la paix chez le facteur Mougin.

Ernestine Chassebœuf

Dioxine : les retraits alimentaire ont commencé en Anjou

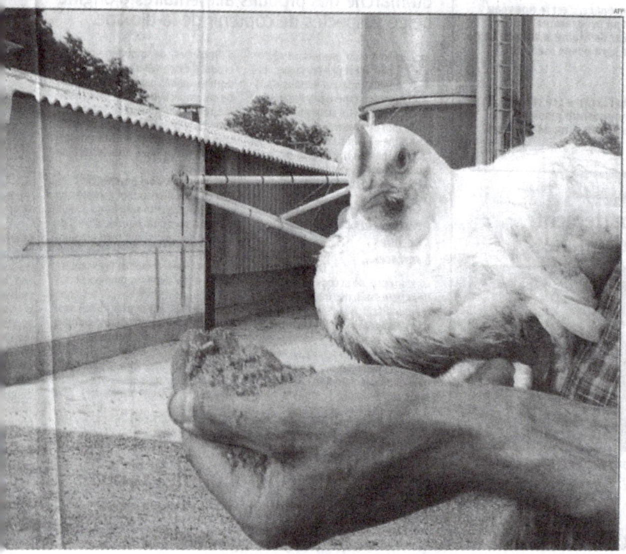

La surveillance es renforcée chez le grossistes et les distributeurs fran Une tonne et der cuisses de poulet 2000 litres de pr alimentaires liqui base d'œufs ont exemple été retir marché ces derni jours en Maine-et Loire. Il s'agit en totalité de produi provenance de Belgique. Les producteurs de la région restent ser mais se montrent soucieux de resta un climat de conf chez les consommateurs, confiance mise à par des pratiques irresponsables », le groupe coopéra de la CANA dont siège est à Anceni pour lequel travai de nombreux élev de l'Anjou.

Ernestine Chasseboeuf — *le 7 juin 1999*
49320 Coutures

à Monsieur Paul Cardi
Directeur du *Petit Courrier*
ou son successeur

Monsieur,

Je vous écris à propos de la photo en première page du *Petit Courrier*[1] de samedi, la belle poule blanche qui fait la tête parce qu'elle veut pas man-

1. Ernestine retarde un peu… *Le Petit Courrier* a cessé de paraître en 1944 (remplacé par *Le Courrier de l'Ouest*) et le « père Cardi », son propriétaire, est aux abonnés absents depuis belle lurette *(Nde)*.

ger la bouillie polluée. Comme j'ai entendu qu'elles allaient être abattues à cause de la dioxine, je vous fais savoir que je peux en adopter jusqu'à cinq, pas plus parce que le blé et le maïs ça coûte. Je veux bien la blanche, j'ai déjà un coq comme ça, je leur ferai faire des petits. Il y a pas de danger pour moi, parce que les poules je les mange pas, je peux pas les tuer, je m'attache trop. Pour les œufs, c'est pareil, m'en faut pas à cause du cholestérol. Si je les prends c'est pour l'humanitaire. Vous trompez pas en envoyant ma demande, c'est pas des Kosovars que je demande, j'ai pas la place et j'ai déjà eu des réfugiés pendant l'autre guerre, c'est affamé, faut pas faire que leur en promettre, et avec ma petite retraite je pourrais pas les nourrir, ils sont mieux chez eux dans leurs campings.

J'en profite pour vous dire que c'est plus la peine de faire de la réclame pour le rôti de bœuf à

Ginette Briant

OMBRES DANS LA NUIT

ROMAN

Il lui baisa la main avec une ferveur qui en disait assez lon
sur leurs relations. Agacé, je me détournai.
Une nouvelle fois, je surpris le regard venimeux de Marco
arco, nous prendrons le café dans mon boudoir.
Le dessert me réconcilia un peu avec les mets médiocres qu
nous venions d'avaler : une montagne de glaces surmontées d
fruits confits et de crème chantilly. Nadège, elle, se contenta sa

59,90, le jambon à 29,80 ou le rôti de veau à 39, c'est la même saloperie que vous dénoncez en première page, faudrait savoir.

Et puis en dernier je veux vous dire que le feuilleton de Ginette Briant, c'est minable, que des coucheries et plein d'erreurs : ils prennent le café dans le boudoir, alors que c'est le boudoir dans le café qu'il fallait écrire.

Mettez-nous donc plutôt *Les Deux Orphelines,* ça c'était une belle histoire, et ça plairait aux jeunes aussi.

En espérant que vous pourrez m'avoir mes volailles, je vous remercie d'avance,

Ernestine Chasseboeuf

Ernestine Chasseboeuf
49320 Coutures

le 7 juin 1999

à Monsieur le directeur
de Carrefour je positive

Monsieur,

Je vous ai fait passer une commande le 22 mars pour 2 photos que j'ai jamais reçues. Vous aviez peut-être tout vendu mais alors vous auriez dû me renvoyer mes 3 Francs. Comme ça me fait un avoir chez vous, j'en profite pour vous commander les chaussures de la page 7 à 29,90 (celles qui sont

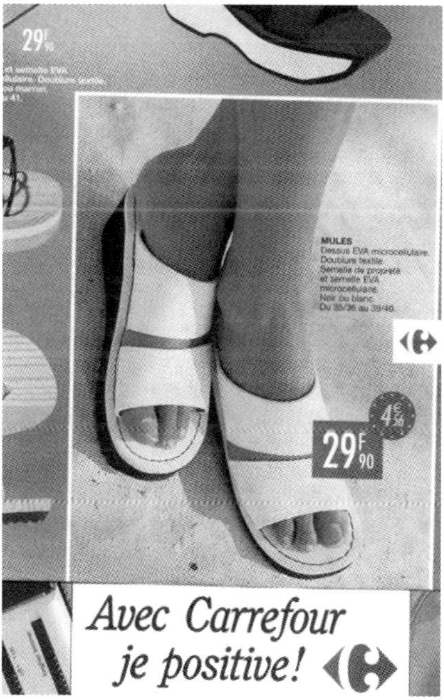

encadrées). J'ai trouvé les mêmes sur un dépotoir quand j'étais en voyage, mais comme c'est deux pieds gauches, ce que je commande c'est deux pieds droits. Elles sont pas bleues, c'est pas grave, ça peut se teindre, mais ce qu'il faudrait c'est qu'elles soient montantes pour être exactement comme les autres.

Je vous avais demandé aussi de mettre de la lecture dans votre revue, je vois bien que vous écoutez pas les conseils, mais au moins répondez aux lettres, ça serait poli.

Comme je peux pas aller jusqu'à *Je positive*, c'est trop loin pour ma Minicomtesse, je vous préviens que c'est plus la peine de mettre votre journal dans ma boîte si vous pouvez pas m'envoyer les affaires, c'est du papier perdu. *Les Trois Suisses,* ils livrent à domicile et si on n'est pas contents ils repassent même avec un camion pour ramasser ce qu'on veut pas.

En espérant que vous faites des bonnes affaires, je souhaite que cette lettre vous trouve de même,

Ernestine Chasseboeuf

PS : C'est du 42, les chaussures.

La formation à Cœur Ouvert, Journée portes ouvertes au Quartier Eblé, c'est la caserne. J'y suis pas allée, mais j'ai fait leur concours :

Ernestine Chasseboeuf *le 18 juin 1999*
49320 Coutures

à Monsieur le Général Éblé
Directeur de la caserne portes ouvertes,

Monsieur le Général,

J'ai trouvé le prospectus de votre concours à l'épicerie de Saint-Mathurin, mais j'ai mis du temps à trouver toutes les réponses et j'ai peur que le cachet de la poste fasse foi que c'est trop tard. D'habitude, je ne fais jamais les concours militaires, c'est plutôt pacifiste mes opinions mais pour une fois je fais une exception, j'espère que j'aurai pas à le regretter. J'ai mis mes réponses sur une feuille à part, j'ai tout trouvé mais c'est plus difficile que le jeu des mille francs, et en plus on sait pas ce qu'on gagne.

Je sais pas qui c'est qu'a inventé les questions, mais à mon avis faudra pas lui demander d'interroger Milosevic quand vous l'aurez attrapé, il ferait que l'embrouiller.

Si j'ai gagné quelque chose, faites-le moi savoir comme ils ont fait à la RATP : j'ai pas gagné leur concours de poésie, mais ils m'ont envoyé une belle lettre.

Je viendrai pas voir votre opération à cœur ouvert, ça doit être intéressant, mais avec la Minicomtesse ça me fait trop loin et le sang ça me fait vomir. Vous aurez sûrement plein de monde à la porte ouverte, vous avez eu tellement de réclame à la télé avec votre guerre, faut voir à quelle vitesse vous démolissez les ponts, ça mettra sans doute plus de temps à les remolir.

En plus, y'a tellement de jeunes qui se demandent ce que c'est que l'UMTE, la PMR 2A, l'EFA, le DT ou le système J Anus, ça pourra toujours leur servir plus tard pour les mille francs ou Julien Lepers.

Je vous quitte, il faut que j'aille butter mes patates et j'espère que ma lettre vous trouvera de même,

Ernestine Chasseboeuf

Mes réponses :

Quel ingénieur militaire a composé la Marseillaise ?

C'est Vincent Scotto, mais vous êtes bien sûr qu'il était aussi ingénieur militaire ?

Combien de temps dure la formation d'un lieutenant ?

C'est comme pour les autres jeunes gens, vers 13-14 ans quand la moustache leur pousse et tout ça.

Combien de litres une UMTE peut-elle traiter ?

Une UMTE (unité mécanique de traite électrique), ça existait pas quand j'avais mes vaches, ça peut traiter au moins 200 litres à l'heure, mais faut pas chômer.

Qu'est-ce qu'une PMR 2A ?

La PMR 2A, c'est une auto qui se fait plus, la Panhard Moteur Renault, mon mari en a eu une mais on l'a vendue pour acheter la Citroën. La 2A, c'était la 7 places. Nous, on n'avait qu'une 1B, 4 places et 1 strapontin.

Qu'englobe la maîtrise d'ouvrage ?

La maîtrise d'ouvrage, ça englobe du sol au plafond, mais des fois on ferait mieux de prendre un architecte, ça paraît plus cher au début, mais après on s'y retrouve.

Comment conçoit-on les édifices militaires ?

Un édifice militaire, ça se conçoit comme on veut, mais quand c'est tout petit ça s'appelle un édicule, c'est dans le Larousse du scrabble.

Combien de mètres mesure un EFA ?

Si c'est l'Eléphant Fouisseur d'Afrique, c'est 2,50 mètres au garrot, mais si c'est l'Eléphant Fouisseur d'Asie, faut compter 20 cm de plus ; là, je me demande si c'est pas une question-piège.

Qu'est-ce que le système J anus?

C'est une question indiscrète : on sait bien que c'est le nouveau traitement pour les hémorroïdes avec le laser. Quand j'étais jeune, c'était le système D anus, on opérait avec les moyens du bord. À mon avis, faut pas rigoler avec ces problèmes-là, c'est trop douloureux.

Qu'est-ce que le DT ?

C'est le dichloro-trichlorétane : avant, c'était le DDT mais ils ont enlevé le D qu'était le plus dangereux ; j'ai trouvé facilement, j'en ai encore une vieille boîte qui me sert pour mettre le sucre en poudre.

Qui a créé le Génie ?

C'est Aladin, il a frotté la lampe magique et le génie est arrivé.

Où a été créée la première école du Génie ?

C'est Charlemagne en l'an 800, c'est une question que j'ai eue au certificat, c'est facile à retenir à cause des deux zéros. Si vous voulez être célèbre comme général, faudra gagner une bataille en l'an 2000, comme ça tombe juste on s'en rappellera pendant des siècles, c'est comme Marignan en 1515, s'il avait fait son coup en 1516, personne s'en rappellerait plus.

Qui est Vauban ?

C'est un personnage de chanson, mais je sais plus si c'est Jean Ferrat ou Léon Ferré, je les confonds toujours avec Serge Gainsbourg.

Comment intervient-on sur une zone contaminée chimiquement ?

Si c'est du goudron faut mettre du beurre, mais après ça fait une tache de beurre, c'est pas mieux. Si c'est de l'acide, rien à faire, y'a qu'à repriser.

Qu'est-ce que la dépollution de zone ?

Pour les pollutions faut voir la question 2, c'est souvent les jeunes, ils font des cartes de géographie, mais ça se nettoie aussi bien que le reste, même sans bouillir.

Qu'est-ce qu'un Check-Point ?

Un check point, c'est sur les produits à l'épicerie. Quand on en a un nombre, par exemple 625, on peut avoir des affaires, par exemple un carillon Westminster. Mon petit-fils avec 5 000 check-points des carambars, il avait eu des patins à roulettes.

Je pense pas avoir fait d'erreur, avertissez-moi si j'ai droit à un lot. Si c'est un voyage au musée des Blindés de Saumur, c'est pas la peine, donnez-le à une autre, je les ai vus passer en 18, j'avais 8 ans et encore après en 44, et je peux vous dire que si c'est pour aller voir des chars offrez-moi plutôt le Carnaval de Nice ou même la Mi-Carême de Cholet, c'est pas mon genre d'aller comme certains au Bourget voir les démonstrations des machines à massacrer les gens.

Madame Ernestine Chasseboeuf *le 19 juin 1999*
49320 Coutures

à M. le Directeur
Coca-Cola France
21, rue Leblanc
75015 PARIS

Monsieur,

C'est un peu inquiète que je vous écris après tout ce que j'ai entendu dans le poste. Il faut vous dire que je suis une habituée des dépotoirs, en bon français ils disent les décharges, je ne sais pas si ça existe chez vous en Amérique, mais ici il y en a encore, et je peux vous dire qu'on trouve des choses toutes bonnes, par exemple des chaussures ou des vieilles pointes. Justement c'est à propos de ça que je veux votre avis. Votre boisson c'est pas pour moi vu mon âge, mais j'en achète quand même un ou deux litres par an pour faire tremper les vieilles pointes que je trouve, ça enlève bien la rouille et après il y a plus qu'à les détordre, elles sont comme neuves. Je voudrais bien savoir quand même s'il faut que je mette des gants avec votre nouveau coca transgénique pour tripoter mes pointes, des fois on peut attraper des boutons ou des allergies et pour des vieilles personnes il y a du danger. Mais rassurez-vous j'en ai jamais bu, ça sent trop la pharmacie, je pourrais pas, mais pour dérouiller les pointes, chapeau ! Je sais pas ce que vous y mettez, mais ça décape mieux que la Saint-Marc. Soyez franc, dites-moi tout, si des fois c'était dangereux, j'essaierais avec du Pepsi ou de l'acide sulfurique, je tiens pas spécialement à votre marque, tout ça c'est du pareil au même.

En espérant que vous pourrez me renseigner, je vous remercie d'avance et j'espère que ma lettre vous trouvera de même,

Ernestine Chasseboeuf

J'ai eu une réponse de Coca-Cola à ma lettre du 19 juin. C'était pour me dire que le danger était écarté, qu'il n'y avait plus ni saloperies ni transgénique dans les bouteilles. Comme ils voulaient amortir leur timbre, ils m'ont mis une réclame pour d'autres boissons de chez eux.

Ernestine Chasseboeuf *le 19 juin 1999*
49320 Coutures

à Monsieur S.A. Nestlé
BP 905 NOISIEL
77446 MARNE LA VALLÉE CEDEX 2

Monsieur le directeur,

J'achète des fois de la crème caramel aux œufs frais de chez La Laitière de Nestlé. De la soi-disant crème aux soi-disant œufs soi-disant frais mais on sait bien qu'ils sont en poudre. C'est pas plus mauvais que d'autres, c'est moins bon qu'à la maison, mais comme les œufs m'en faut pas, quand j'ai pas le temps de cuisiner ça dépanne. Si j'en achète, c'est surtout pour les petits ramequins en verre, comme ils sont pas consignés je m'en suis fait un service 48 pièces. C'est bien pratique ça peut servir à tout, j'en ai qui font cendrier, d'autres pour la peinture, j'en ai pour faire tremper les petites pointes dans le Coca-Cola à cause de la rouille et surtout j'en ai un sur la table de nuit pour faire tremper mon dentier dans le produit exprès. Malheureusement, comme j'ai arrêté de fumer, je me suis mise à sucer des carambars et l'autre jour sans faire attention j'ai croqué, ça m'a cassé une de mes dernières bonnes dents en bas à droite. A fallu que je me fasse refaire mon appareil qui tenait plus. Le dentiste m'a mis une fausse dent de plus, je peux vous dire que ça m'a coûté bonbon et je vais pas être remboursée beaucoup, avec l'agricole, c'est minable. Si je vous écris c'est pour vous demander si vous pourriez pas faire des crèmes caramel familiales dans des grands ramequins d'au moins 11,5 cm de diamètre pour que mes nouvelles dents puissent passer à l'aise. En plus, ça serait pratique aussi pour faire tremper les grandes pointes rouillées dans le Coca-Cola : au dépotoir, c'est surtout des grandes que je récupérais.

Dans l'espoir que vous pourrez me dépanner pour mon dentier, je vous prie d'agréer mes salutations distinguées et j'espère que ma lettre vous trouvera de même,

Ernestine Chassebœuf

Enfin une réponse, c'est Murielle Richard, ma conseillère Nestlé qui m'a écrit : « Chère Madame, c'est formidable de connaître les consommateurs enthousiastes de Nestlé, nous avons pris note de votre remarque et nous en faisons part aux responsables des produits. N'hésitez pas à nous contacter à nouveau. Bien cordialement. »

Ernestine Chasseboeuf *le 23 juin 1999*
49320 Coutures

à Monsieur Voyages Bochereau
49160 Saint-Philbert-du-Peuple

Monsieur le Directeur,

J'ai bien reçu le prospectus pour le voyage à l'abbaye de Solesmes. C'est intéressant, surtout le prix : le car plus 2 repas et une croisière en bateau pour 99 Francs, ça paraît même un peu louche. J'irais bien mais je voudrais être sûre que c'est pas des pirates. J'ai été une fois au mont Saint-Michel avec un car pas cher. À l'aller tout allait bien, au petit-déjeuner c'était même beurre <u>et</u> confiture, tout le monde était gentil, mais au retour impossible de faire arrêter le car pour ce que vous savez.

Comme c'était que des troisièmes âges, tout le monde avait envie mais ils voulaient pas qu'on y aille, c'était comme une prise d'otages. On a été obligés d'aller dans ceux du car avec un gars qui gardait la porte et qui nous obligeait à signer pour acheter des affaires. J'ai pris le moins cher, les 96 mouchoirs pour 1 999 Francs. En plus, ils sont minables, de la vraie guenille, quand on les lave ils fondent, alors vous comprenez qu'avant de me décider, j'aimerais que vous répondiez à mes questions :

– Est-ce que la dégustation au verger c'est du biologique ? Avec tout ce qu'on voit, si c'est du chimique, j'y vais pas.

– Pourrez-vous m'arrêter à l'Abbaye pour que j'écoute chanter les moines et leur acheter du fromage, même s'il faut payer un petit supplément de 5 ou 6 Francs ?

– Qu'est-ce qu'ils vendent dans votre car, les gens de Planeta ?
– Pour la croisière, est-ce qu'il y a bien un gilet de sauvetage par personne, même pour ceux qu'achètent rien ?

Faudrait me répondre assez vite pour que je me décide, y a des collègues à vous qui me proposent la Venise-Verte, 2 repas, trois gants de toilette, un ticheurt XXL et la visite d'un abattoir à cochons, tout ça pour 89 Francs payable en 2 fois.

J'attends votre réponse, en espérant qu'il fera beau fin juillet pour la croisière,

Ernestine Chasseboeuf

PS : Si des fois ils vendaient un Larousse, à Planeta, regardez donc si vous avez pas fait une faute à JARDINIAIRE DE LÉGUMES.

Ernestine Chasseboeuf *le 1er juillet 1999*
49320 Coutures

à Monsieur Alain Raymond
Directeur à Télérama
75 PARIS

Monsieur Raymond,

Comme vous avez eu la gentillesse de passer une de mes lettres dans le courrier des lecteurs, je remets ça parce que je suis pas contente de votre numéro 2578. Si je réagis aussi tard, c'est parce que le *Télérama* c'est les voisins qui me le passent quand ils ont fini les mots croisés. Comme j'ai pas la télé ça m'est bien égal s'il est pas frais.

Des couvertures avec des Jésus ou des Saintes Vierges, comme vous faisiez souvent à Pâques ou à Noël, ça faisait longtemps qu'on en avait pas eu, alors j'ai cru que le bonhomme de la couverture c'était un nouveau pape ou un évêque d'Évreux. Comme j'ai perdu la foi en 1922 quand j'ai été intoxiquée par des religieuses pas fraîches (des gâteaux) à la kermesse paroissiale de Rou-Marson, vous pensez bien que les choses de la religion je regarde ça de loin. Quand j'ai lu dans l'article que c'était un patron du football, c'est là que la colère m'a pris. Mes voisins paient pas des abonnements à ce prix-là pour que je lise les nouvelles du football. Si c'est ça votre nouvelle religion, je crois bien que j'aimais mieux celle d'avant. Pour en faire vendre encore plus, des téléramas, vous pouvez aussi mettre des Dianas qui pleurent ou des filles toutes nues sur la couverture, ça marche bien, j'en vois plein qu'en achètent chez Madame Seznec au tabac de Coutures.

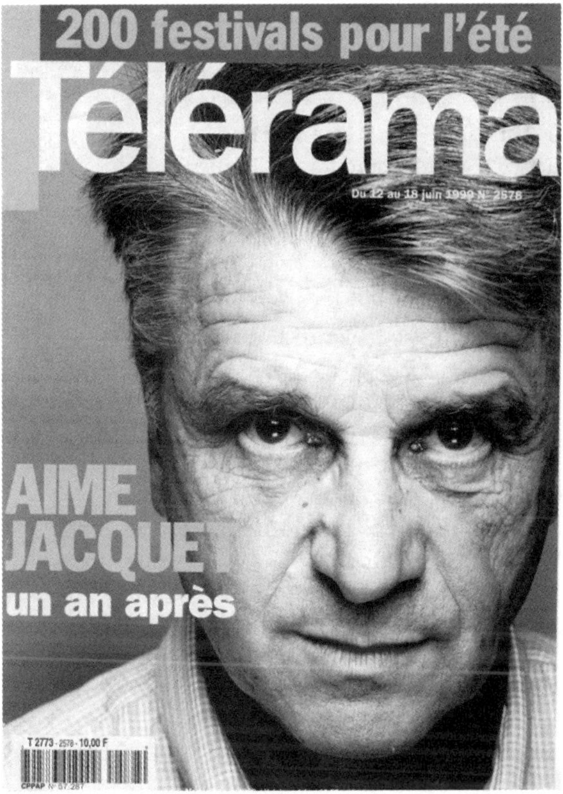

Faites bien attention à tout ça, moi aussi j'ai l'œil,

Ernestine Chasseboeuf

PS : J'en profite pour vous envoyer ce que j'ai écrit pour votre concours de la lettre sans N.

le 8 juillet 1999

Madame Veuve Chasseboeuf
49320 Coutures

à Madame la Directrice,
Hôtel des Impôts à Saumur,

Madame

Comme toujours à la même époque, samedi 3, je suis allée jusqu'à la foire aux rillauds de Brissé-Quissac. Il y a presque plus de charcutiers depuis que le fils Pohu s'est moitié étouffé à la course de celui qui bouffe le plus de rillauds. Le comité des fêtes a remplacé par le déballage des particuliers. Comme il y a presque plus de dépotoirs pour jeter les vieilles affaires, le particulier peut les étaler sur la place du village pour faire des sous avec. C'est là, à la porte de la recette des impôts que j'ai acheté l'Olivetti du percepteur de Quissac. La vieille Japy que j'avais trouvée gratuite à la décharge, j'arrive plus à la régler, elle reste bloquée sur les majuscules et comme je peux plus écrire depuis que j'ai de l'arthrose aux os du carpe, je peux vous dire que j'étais ravie de pouvoir la remplacer. Il m'a dit qu'elle marchait, mais qu'il pourrait plus l'utiliser parce qu'elle a pas la touche pour les euros. Ce qu'il m'a pas dit c'est qu'elle imprimait plus la lettre qui se trouve après le M, et c'est presque impossible d'écrire comme ça. Elle fait aussi le Q rouge, mais ça c'est pas grave. Depuis je l'ai eu trois fois au bout du fil, le percepteur, et il veut pas me rembourser mes sous, il dit qu'il a pas de budget pour ça. Si vous pouviez user de votre autorité pour qu'il me rembourse, ça me ferait plaisir, s'il préfère me la remplacer, dites-lui que celle que j'aimerai, c'est la Hewlett-Packard que j'ai vue à la télé, celle qui corrige les fautes toute seule.

Recevez mes respectueux hommages,

Veuve Chasseboeuf

Ernestine Chassebœuf *le 16 juillet 1999*
49320 Coutures

à Madame Michèle Kalfon
Responsable du service des consommateurs mécontents du Coca-Cola

Madame,

Vous avez mis un bout de temps à me répondre, évidemment je dois pas être la seule à dérouiller des pointes, vous avez dû avoir beaucoup de souci avec le bog du Coca-Cola et il paraît qu'avec celui de l'an 2000 ça va être pire.

Vous m'avez mis une réclame des autres mixtures que vous vendez, Fanta et Sprite, je voudrais juste savoir si on peut aussi décaper des choses avec, par exemple les dessus de fourneaux. Au Relais des Mousquetaires ils ne vendent plus de Zébracier, à croire que je suis la dernière à m'en servir, ça faisait bien pour la cuisinière, mais pas question d'en boire, rien qu'à l'odeur ça purge.

Savez-vous aussi si dans vos produits il y en aurait pas un pour nettoyer les seaux hygiéniques, comme j'ai les ouatères dehors je m'en sers encore pour la nuit, mais quand on met la javel, l'odeur c'est pire que tout.

J'attends votre réponse et peut-être un échantillon pour essayer, bonnes vacances et je vous promets qu'après ça je ne vous ennuie plus,

Ernestine Chassebœuf

Jean-Francois Amary *8 août 1999*

Chère Madame,

On voit bien que les haricots verts doivent donner à plein, ainsi que les tomates, car on ne lit plus rien de vous depuis un moment.

Je suppose que vous arrosez votre jardin tant que vous pouvez.

Chez nous aussi il fait sec. Celle nuit, l'orage nous a quand même déversé 23 mm et 14 la nuit précédente. C'est toujours ça de pris, d'autant que ça n'a pas fait de dégâts, même dans les pruniers.

On s'est bien régalés avec les figues. Maintenant, il faut attendre septembre pour les prochaines.

J'espère que vous avez écrit à la Voynet qui n'a même pas porté plainte contre ses agresseurs, et aussi à Baupin qui fait la danse du ventre devant Chasse-Nature-Pêche et Tradition.

Ces gens-là méritent que des femmes comme vous leur donnent des leçons.

Avez-vous prévu un poème sur l'éclipse ?

Si oui, voici quelques rimes : ciel/soleil ; lune/turne (ou Saturne) ; poète/lunettes ; foule/boule ; astronome/gastronome ; éclipse/gypse (démerdez-vous, c'est vous qui êtes poète) ; touristes/artistes ; gens/fainéants ; astrologue/catalogue (de graineterie) ; ail/chandail ; arrosoir/observatoire ; astre/désastre ; astronomique/boulimique ; céleste/leste ; voûte/croûte ; lunaire/ordinaire ; ombre/concombre ; rayons/melons ; date/tomate.

[...]

Avez-vous des taupes dans votre jardin ? Et des hérissons ? À chaque fois qu'on entend le pic-vert s'envoler en riant, ma dame dit qu'il va pleuvoir. Eh bien, il n'a pas plu en juillet. Si les pics-verts s'en fichent maintenant !

Je ne vous retarde pas plus, et si quelqu'un veut vous emmener par ici, ce sera avec plaisir qu'on vous recevra,

Bien cordialement,

J.-F. Amary

Ernestine Chassebœuf *le 22 août 1999*
49320 Coutures

Cher Monsieur Amary,

Je réponds à votre lettre du 8. Un peu tard parce que je suis allée voir les petits-neveux dans la Gironde. Les haricots étaient à peine bons à cueillir quand je suis partie mais quand je suis revenue je les ai trouvés gros comme des fèves et pleins de fils. Les voisins ont même pas eu besoin d'arroser mon jardin pendant que j'étais partie, vu qu'il a tombé de l'eau comme vache qui pisse, mais pas autant comme chez vous. Quand même, 23 plus 14 ça vous fait 37, ça aurait passé par-dessus mes mi-bottes. J'ai mesuré : elles font que 29 cm de haut, si un jour je vais chez vous, j'achèterai des cuissardes.

J'ai pas écrit à la Voynet ni à Baupin parce que j'ai pas leur adresse et surtout que je sais pas qui c'est, surtout Baupin. En Gironde, j'ai vu plein de chasseurs mais comme ils sont armés, on leur dit trop rien.

[...]

Pour les hérissons, on en a, des pic-verts aussi. Les taupes on en voit pas, comme c'est troglodyte ici, elles doivent passer par les souterrains, pas besoin de creuser de galeries.

Comme vous avez l'air d'apprécier mes poésies (c'est pas le cas de tout le monde), je vous en ai fait une sur l'éclipse comme vous avez demandé. Vous m'avez pas choisi des rimes faciles, mais je m'en suis pas trop mal sortie, qu'est-ce que vous en pensez ?

Je vais pas abuser de votre temps, faut que j'écrive à plusieurs, les vacances ça met en retard dans le courrier,

Votre fidèle,

Ernestine Chassebœuf

L'éclipse

Le onze du mois d'août, j'ai regardé le ciel,
La télé nous l'a dit : faut sortir de sa turne,
Il y a un truc unique à propos du soleil,
Aujourd'hui il se fait boulotter par la lune.
Le ciel depuis toujours n'inspire que les poètes,
À regarder en l'air il y a jamais la foule,
Pour une fois c'était plein, tous avaient des lunettes,
Et moi qu'en avais pas ça m'a foutu les boules.
La télé c'est magique, ça fait des astronomes,
Puisqu'au petit écran on pouvait voir l'éclipse,
C'est bien plus difficile de faire des gastronomes,
Avec la pub Maquedo ou le dentifrice Gypse.
J'ai trouvé des lunettes, perdues par un touriste,
Je me suis écartée un peu de tous ces gens,
Pour apprécier la chose, faut être un peu artiste,
S'abrutir de télé ça vous rend fainéants.
Beaucoup avaient la trouille à cause de l'astrologue,
Un dénommé Rabane qui fabrique des chandails,
La fin du monde était prévue sur catalogue,
Ceux qu'avaient peur du diable portaient un collier d'ail.
Malheureusement le temps était contre les astres,
Il s'est mis à pleuvoir comme un vrai arrosoir,
J'ai rien pu voir du tout, c'était un vrai désastre,
J'aurais mieux fait d'aller dans un observatoire.
Je ne deviendrai pas poète astronomique,
Je ne chanterai pas les espaces célestes,
J'aimerai mieux encore devenir boulimique

(C'est juste pour la rime, je préfère rester leste).
Plutôt que de chanter du ciel l'immense voûte,
Les éclipses ratées et les cirques lunaires,
Je préfère mes poèmes sur le pâté en croûte
Arrosés par des rimes au gros rouge ordinaire.
Du soleil déclinant je ne chanterai l'ombre,
De l'astre se levant je nargue les rayons,
Si ça m'éclaire assez pour cueillir les concombres,
ça suffira aussi à faire mûrir les melons.
Ce poème d'Ernestine rimé par Amary,
Dans la littérature je suppose fera date,
Il est aussi joli qu'un cantique à Marie,
Maintenant je m'éclipse, rapport à mes tomates.

Ernestine Chassebœuf

J'AI OPTÉ POUR LA FORMULE "VENTE PAR CORRESPONDANCE" GRÂCE À VIKING DIRECT...

Après avoir essayé la Société Viking Direct, j'ai à présent opté pour une livraison à domicile, avec des prix réduits, une garantie efficace et un accueil chaleureux.
Continuez ainsi !

Monsieur Jean-Marcel Hubbourdin
Avocat à la Cour
08150-Remilly-les-Pothées

Ernestine Chasseboeuf — *le 23 août 1999*
49320 Coutures

à Monsieur Jean-Marcel Hubbourdin
Avocat à la Cour
08150 Remilly-les-Pothées

Votre Honneur,

J'ai vu votre tête dans le catalogue des Vikings. Comme vous en avez plutôt une bonne, je vous recopie la lettre que j'ai envoyée à Monsieur Pagneux votre directeur, le 11 mai, et pourtant j'ai jamais reçu mon crayon ni ma gomme.

Vous qui êtes dans le droit, vous devez savoir si c'est normal de me faire attendre comme ça et de garder mes 3 timbres, et si oui pouvez-vous porter plainte à l'amiable sans que ça me coûte trop cher ?

Est-ce qu'on vous donne un peu d'argent pour paraître dans le catalogue ? Si oui, ça peut m'intéresser. S'il suffit de donner un photomaton en couleurs et de faire comme si on est satisfait, je ferai plutôt ça et on laissera tomber les poursuites. Avec les avocats, on a plus vite fait de manger de l'argent que d'en gagner.

Je vous remercie à l'avance de votre réponse rapide si possible, car pour l'instant je fais les mots croisés au stylo et on peut pas gommer.

Sincères salutations d'

Ernestine Chasseboeuf

PS : Vous qui commandez souvent chez eux, si des fois vous aviez une pendule-cadeau en trop, vous pouvez me l'envoyer, je vous rembourserai les timbres.

Ernestine Chasseboeuf le 7 septembre 1999
49320 Coutures

à Monsieur Daniel,
Directeur du musée du sable d'Olonne.

Monsieur le directeur,

J'ai appris par le journal que vous saviez tout sur le sable, c'est pour ça que je vous écris. Je voudrais savoir comment fabriquer du verre. J'ai déjà fait des objets en terre glaise, c'est pas mal réussi, mais là comme c'est à usage médical, je voudrais que ça soit hygiénique, et pour ça, le verre c'est mieux. Je voudrais faire un petit récipient sur mesure, en forme de grand ramequin. J'ai déjà le sable. Je l'ai depuis cet été quand mes neveux m'ont emmenée à la dune du Pilat. En redescendant j'en avais plein mes bas à varices, au moins trois livres dans chaque. On me fera pas croire que la dune est venue là toute seule, à mon avis ç'a dû être entassé quand la main-d'œuvre coûtait pas cher.

On m'a dit qu'il fallait chauffer dur pour faire fondre le sable, que ça ferait du verre. J'ai une bonne cuisinière et si ça suffit pas j'irai au four du boulanger à Saint-Rémy, il peut pas me refuser depuis le temps que je lui achète deux gros pains par semaine et à son père avant lui. Est-ce qu'il faut prendre tous les grains ou seulement les transparents ? J'ai commencé à les trier avec une loupe, j'en fais un petit peu tous les soirs, mais ça va être long. Répondez-moi vite en me donnant la marche à suivre, c'est assez urgent parce que c'est pour faire tremper mon dentier la nuit et pour l'instant je le mets dans un récipient en ébonite et c'est sûrement pas sain.

Dans l'espoir de votre réponse, je vous souhaite le bonjour,

Ernestine Chassebœuf

Ernestine Chassebœuf *le 13 septembre 1999*
49320 Coutures

à Monsieur le directeur des Chemins de fer.

Monsieur le directeur,

Je ne suis pas très contente des nouveaux trains. D'abord ça va pas si vite que ça, mais forcément comme on s'arrête plus pour prendre les gens dans les petites gares ça gagne du temps. Ensuite c'est pas donné, même en deuxième classe. J'ai pris le train pour voir la Méditerranée avant de mourir, je voulais visiter Narbonne à cause de Charles Trénet et des golfes clairs. Maintenant, je connais toutes les mers sauf la mer du Nord, ça doit être moche mais j'irai quand même l'année prochaine à cause de Jacques Brel et de Raoul de Godvarfel. Je ne vais pas vous raconter ma vie mais quand même, j'aime bien payer ce que je dois mais pas plus, faut pas prendre les gens pour des crésus. Il paraît que tout le monde a droit à une réduction, mais qu'il y a un mot de passe, faut dire « découverte » discrètement au guichet. Comme j'étais pas dans la confidence, j'ai payé tarif plein et pareil au retour. Je vous envoie mon billet, ça prouve. Je me demande si en taxi ça coûterait pas moins cher, je me renseignerai quand je ferai la mer du Nord.

En espérant que vous pourrez quelque chose pour moi, je vous salue et j'espère que cette lettre vous trouvera de même,

Ernestine Veuve Chassebœuf

Monsieur Champeil, de la délégation régionale des chemins de fer, m'a répondu : « Je comprends la situation qui a été la vôtre », et il m'a envoyé un bon pour un voyage de 100 Francs, comme quoi c'est utile de réclamer. Pensez bien à dire « découverte » quand vous prendrez votre billet.

Le prélèvement automatiqu
simple, pratique, souple.

DIOCÈSE
D'ANGERS

Ernestine Chasseboeuf — *le 13 septembre 1999*
49320 Coutures

à Monsieur l'Évêque d'Angers,
trésorier du Diocèse

Monsieur l'Evêque,

J'ai failli écrire Monseigneur, mais je suis pas sûr que ça se dise encore depuis qu'il y a des curés en blouson et que les paroisses sont grandes comme des cantons, on n'y comprend plus rien. C'est pour vous dire que faut pas compter sur moi pour votre prélèvement automatique, déjà que je donnais pas au denier du culte quand on me passait l'enveloppe, alors maintenant que je vais même plus aux enterrements, je me demande bien pourquoi je paierais ma place. Je suis plus croyante depuis que j'ai été intoxiquée à une kermesse paroissiale : si Dieu existait, il permettrait pas des choses pareilles et des bien pires comme la guerre au Liban ou l'épidémie de la vache folle. Quand il y a des guerres, c'est bien rare quand y a pas une histoire de religion là-dessous. Donc faut me rayer de votre liste pour les prélèvements et même si vous pouvez me rayer du registre du baptême de Botz-en-Mauges (ça doit être en 10 ou 11 puisque je suis née en 1910), ça serait bien aussi.

Pendant qu'on y est, faudra dire à l'aumônier de l'hôpital qu'il vienne pas me voir quand j'irai me faire mettre une hanche en plastique. Quand il est passé me visiter pour ma cataracte, je l'ai aperçu comme dans un brouillard, ça m'a fait peur comme pour l'extrême onction, j'ai pas pu manger ma purée pendant deux jours.

Je vous envoie quand même mes salutations distinguées et j'espère que ma lettre vous trouvera de même,

Ernestine Veuve Chasseboeuf

PS : Pour le baptême, mon nom de fille c'est Troispoux, en 10 ou 11, à Botz.

Ernestine Chassebœuf *le 8 octobre 1999*
49320 Coutures

à France-Télécom
Angers

Monsieur le directeur,

J'ai une chose à vous demander, mais si vous ne pouvez pas, je comprendrai, parce que ça va vous paraître sans doute un peu bizarre.

Voilà : ici, je passe un peu pour une vieille toquée parce qu'à force de vivre toute seule je me suis mise à parler tout haut. À la maison je me parle à moi ou alors à mes pauvres maris qui sont morts depuis longtemps. C'est pas gênant parce qu'il n'y a que moi qui m'entends et en plus pas très bien parce que je suis un peu dure d'oreille.

C'est quand je parle en jardinant ou en faisant les commissions au Relais des mousquetaires que tout le monde me regarde de travers. Ce que je voudrais que vous me donniez, c'est un téléphone comme ont les jeunes maintenant pour appeler dans la rue, je m'en fiche si c'est un vieux qui marche plus ou même si c'est qu'une coquille vide, le principal c'est de faire semblant, comme ça au lieu de se moquer, ils vont être jaloux. Si vous avez le choix, mettez m'en un qui tient tout seul sur l'oreille, j'ai besoin de mes deux mains pour la brouette.

Recevez mes remerciements,

Ernestine Chassebœuf

P. S. Je vous rembourserai les timbres, faut quand même pas que vous en soyez de votre poche.

Ernestine Chassebœuf *le 10 octobre 1999*
49320 Coutures

à Monsieur
le directeur des Carambars

Monsieur,

C'est pas mon habitude comme certaines de réclamer pour des broutilles, d'autant plus que j'étais plutôt contente de vos carambars jusque-là. J'en mange depuis 1955 quand mon petit-fils s'était mis en tête de ramasser 5 000 points DH pour avoir les patins à roulettes. Tout le monde s'est mis à en manger dans la famille et on a mis que deux ans pour avoir les patins. On a eu aussi des caries, j'ai perdu mes deux premières incisives et ça nous a fait bien rire quand mon petit-fils en a perdu deux lui aussi en essayant les patins. Je ne me suis remise à en manger que l'année dernière quand le docteur m'a fait arrêter de fumer en me faisant peur avec le cancer. J'ai déjà la vieillite, comme dit mon ami Jules, si en plus je perds mes poumons, autant aller tout de suite au champ de navets. Alors j'ai arrêté de fumer en mangeant des carambars, ça revient pas plus cher que les spatchs et au moins ça nourrit un peu. Ce qui me plaît pas, c'est les nouveaux emballages, c'est dur à ouvrir avec les dents, j'ai du mal à déchirer le papier à cause de mon appareil de devant, si bien que j'ai lâché le volant de la Minicomtesse et que je me suis mise dans le fossé en évitant un hérisson déjà écrasé. Je me suis fait mal à la hanche et en plus ça m'a coûté deux bouteilles de blanc pour me faire tirer au tracteur.

J'ai une autre réclamation pour les carambars, y'en a à tous les parfums, même au Coca-Cola, méfiez-vous quand même il paraît qu'ils mettent du transgénique dedans, mais les plus durs à trouver c'est ceux au caramel. Pour les blagues qu'il y a à l'intérieur, c'est pareil, elles font pas rire. Si vous voulez, je pourrai vous en envoyer des amusantes comme celle du lapin à mobylette ou du curé qu'a pas besoin de voiture parce que ses habits ça sert d'auto. C'est des vieilles blagues, mais elles peuvent encore servir, des comme ça j'en connais plusieurs et même des coquines comme celle du facteur qui collectionnait les pipes, mais faudrait mettre POUR ADULTES en gros sur le papier pour que les enfants les lisent pas.

En espérant que j'ai contribué à améliorer vos produits, j'espère que cette lettre vous trouvera de même,

Ernestine Chasseboeuf

Ernestine Chassebœuf *le 30 octobre 1999*
49320 Coutures

à Monsieur Jean-Loïc Le Quellec,
anthropologue

Monsieur,

J'ai trouvé un article sur vous dans une vieille revue que j'ai empruntée chez le Docteur Bourgeon. Alors comme ça, vous recherchez des gravures dans le désert ? Moi aussi, j'habite dans des troglodytes mais il y fait sûrement plus frais que dans le Sahara. J'ai eu du mal à savoir où vous restez, mais mon voisin a cherché dans son Minitel et j'espère que c'est bien vous. Ce que je voudrais si vous avez le temps, c'est que vous me donniez des conseils pour transformer une vieille cave que j'ai et qui me sert à rien en grotte préhistorique, pour faire visiter au beau temps. Je mettrai quelques bisons gravés, des vieux os de vache et des outils en pierre taillée. Comme je ne suis pas une spécialiste, j'aimerais bien un coup de main pour que ça fasse authentique. Si vous passez par-là, venez voir l'endroit, je suis en train de creuser pour pouvoir faire rentrer au moins trente personnes à 10 Francs à chaque fois.

La réversion de l'agricole c'est tellement minable qu'il faut bien trouver un complément. Si j'avais pas le jardin, je sais pas comment je m'en tirerais, faudra bien pourtant le faire goudronner pour faire le parking. Si vous avez pas le temps, envoyez-moi juste des modèles à décalquer sur les murs, je me débrouillerai.

Je vous adresse mes salutations sincères et j'espère que cette lettre vous trouvera de même,

Veuve Ernestine Chassebœuf

C'est une idée que j'ai abandonnée. Essayez pas de venir visiter ma grotte, j'ai pas voulu faire de concurrence à Monsieur Rak, qui expose ses peintures à la Caillière, à Coutures.

Ernestine Chassebœuf *le 9 novembre 1999*
49320 Coutures

à Monsieur le responsable
du jeu de midi à France Culture

Cher Monsieur,

Je vous écris à cause de votre jeu du midi. Avant, je ne l'écoutais pas parce que j'étais sur Paris-Inter pour les mille francs, mais maintenant entre 11 heures et jusqu'à Bozon, on dirait Europe 1 ou Radio-Luxembourg, et j'écoute plus.

Je ne sais pas si je pourrais trouver les réponses à votre jeu, c'est plutôt difficile. J'ai lu plusieurs livres, mais les questions ça tombe jamais sur ceux-là. Justement je voulais vous dire que ça me rappelle l'école de Rou-Marson quand j'étais petite, celles qui savaient tout, les premières de la classe, on leur donnait plein de livres à la distribution des prix. Les autres, celles qu'auraient eu besoin de lire pour s'instruire on leur donnait rien ou alors un petit livre écrit en grosses lettres. Vous devriez faire le contraire, donner des livres à ceux qui perdent, les gagnants qui ont tout lu, à mon avis ils en ont pas besoin. Pour moi, si vous voulez me faire jouer, c'est d'accord, j'ai le téléphone chez mes voisins. Faudra quand même me prévenir du jour. J'espère que ça tombera sur *Les Deux Orphelines*, depuis que je l'ai retrouvé, je l'ai relu onze fois, cc qui fait douze. D'un autre côté vaudrait mieux que je perde si vous faites comme je vous ai dit pour les lots.

Je vous souhaite des joyeuses fêtes de 11 Novembre et j'espère que ma lettre vous trouvera de même,

Ernestine Chassebœuf

Ernestine Chassebœuf *le 11 novembre 1999*
49320 Coutures

à Madame Régine de Tambelle

Chère Madame,

Souvent, j'oublie d'éteindre mon poste après le jeu du midi, celui où faut trouver un livre, c'est comme ça que je vous ai entendue expliquer les vieilles expressions. Justement, il y en a plusieurs qu'on disait quand j'étais petite et que je ne comprenais pas, c'était en Anjou vers 1920 dans les régions des troglodytes-du-dessous, autant vous dire que ça doit être du vieux français, mais pour vous ça doit être facile. Je vous en donne juste quelques-unes pour pas vous embêter mais j'en ai un plein carnet, je me suis toujours dit qu'un jour j'en ferai un livre :

– *Elle est muillarde comme un limas dans les gâpiers.*

– *Si ça moutruche à la Saint-Lucien, l'année sera bonne pour les chatafoins.*

– *Si t'arrête pas de te péguiller, je vas te retourner une mangrolle.*

– *Si Pâques rafonne les ponoires, Noël daubera les mictoires.*

Si vous croyez que ça va pas intéresser les lecteurs de France-Culture, mettez-moi les réponses sur une lettre, comme ça je pourrai les garder, parce qu'avec la radio, sitôt dit, sitôt oublié et souvent ça vaut mieux.

Je vous remercie d'avance de votre amabilité et j'espère que ma lettre vous trouvera de même,

Ernestine Veuve Chassebœuf

Elle m'a pas répondu, mais le livre, je l'ai fait, ça s'appelle «Glossaire du patois des troglodytes-du-dessous», chez l'éditeur Deleatur, à Angers.

Ernestine Chasseboeuf *le 12 novembre 1999*
49320 Coutures

au journal Rustica,
Coin des poètes

Cher Monsieur ou Madame,

J'ai lu dans votre journal le poème d'Arlette Rousseau de Mainvilliers dans le 28, autrefois on disait l'Eure-et-Loir, ça m'a donné l'idée de vous en envoyer un aussi. J'en ai déjà un qu'a paru dans *Télérama,* mais comme celui-là il est plutôt rural, il serait mieux dans votre journal. Vous ferez bien comme vous voudrez, si ça vous dit, passez-le. J'ai mis un mot difficile, c'est « autochtone », ça existe : on peut le mettre au Scrabble, mais ça vaut moins que « zygène » ou « whisky ». Je pense que vos lecteurs comprendront quand même, sinon les dictionnaires c'est pas fait pour les chiens.

Autrement, j'aime bien votre journal, c'est instructif, même pour des anciens de l'agricole comme moi. À propos d'agriculture, si vous pouvez mettre vos lecteurs en garde contre un livre, ça s'appelle *La Belle de Fontenay*, pas question de pommes de terre là-dedans, ça parle que de romans policiers, je me suis fait attraper, c'est mensonger comme titre, heureusement c'était d'occasion, je l'ai pas eu pour trop cher.

Voilà mon poème :

Ma saison préférée

Ah que les feuilles sont belles, et que les pommes sont bonnes,
La récolte était belle, j'en ai une demi-tonne.
Les vendanges finies, on range ses bonbonnes,
Et on boit comme des trous avec les autochtones,
Ensemble à la veillée en mangeant des pets-de-nonne.
Non, le vent et la pluie ce n'est pas monotone,
Quelles belles promenades aux coins de l'Hexagone,
On va aux champignons, en forêt ça foisonne,
Et quand on les connaît, jamais on s'empoisonne.
Les couleurs dans les bois ressemblent à la cretonne,
Mais faut faire attention car des fois ça braconne.
Si vous avez tous cru que j'adorais l'automne,
Vous vous êtes fait avoir,
Je préfère le printemps.

Ernestine Chassebœuf

Je vous remercie pour ce que vous faites pour l'agriculture et j'espère que ma lettre vous trouvera de même,

Ernestine Chassebœuf

LE FAIT DU JOUR

Rugissements au-dessus des vallons et des crêtes : les hélicoptères de la 4e Brigade aéromobile sont engagés dans un exercice de grande ampleur.

100 hélicoptères et 1 300 hommes en exercice jusqu'à demain en Anjou

A la place des vignes et du bocage un champ pétrolifère convoité par une troupe hostile. Les pilotes de la 4e BA sont en train de repousser l'agresseur.

Hier, le théâtre d'opérations du Layon était plutôt favorable aux hélicos

Placée sous le commandement du Général de Goesbriand, la Brigade a été créée le 1er juillet dernier, à partir d'un nouveau patchwork de régiments. Tous les hommes effectuent un exercice de cette ampleur dans une région différente chaque année.

A 200 km/h « comme des belettes dans les herbes »

Efficaces aussi la nuit

Scénario retenu pour cette fois : un débarquement de « carmins » hostiles – force terrestre conventionnelle appuyée d'une dizaine d'hélicos- entre la Rochelle et les Sables d'Olonne. Leur objectif : occuper une zone pétrolifère entre La Flèche et Parthenay, Angers et Poitiers. L'ennemi a progressé de Niort vers la Loire avec l'ambition de contrôler les ponts. Il appartenait aux « Azur » de la 4e BA (l'aviation légère de l'Armée de terre) de ruiner l'attaque non sans détruire un train de marchandise annoncé, à l'ouest (venu du pays « vert » pas franchement ami), bour-

cellule par cellule. Celle de la « conduite » des opérations qui vit le déploiement en temps réel ; celle de la « troisième dimension » (coordination avec l'armée de l'air, la station météo, l'artillerie sol-air) ; celle de la logistique (repas, évacuation des

Beaulieu-sur-Layon, Chanz[illegible] Chemillé, Valanjou, Concou[illegible] Luigné…

Aujourd'hui, l'exercice entrera une deuxième phase : guetter [illegible]chu train sans faire décoller les [illegible]cos intempestivement (ces

Ernestine Chassebœuf *le 8 décembre 1999*
49320 Coutures

à Monsieur le Colonel
Salle des fêtes de Faye-d'Anjou

Monsieur le Colonel,

C'est depuis mon lit que je vous écris, j'ai encore 10 jours à y rester à cause de votre guerre contre les Carmins. C'est bien des bêtises tout ça, des Carmins y en a jamais eu ici à Coutures, tout au plus des rougeauds et quand bien même y en aurait, l'abbé Foinard nous apprenait au catéchisme que même les Noirs c'est pas de leur faute. Mais puisqu'on vous paye des hélicoptères avec l'argent des impôts, alors qu'il y a des mendiants plein les rues et qu'on fait des soupes populaires pire que pendant la guerre, faut bien montrer où passe l'argent.

Enfin si je vous écris c'est pas pour la politique, c'est pour vous dire que vos hélicoptères, ça fait un potin d'enfer, et comme j'avais une petite barbarie qu'avait commencé à couver 13 œufs de grosse poule, au bruit elle s'est sauvée de ses œufs et elle veut plus y retourner, je l'ai attrapée et je l'ai tenue dessus pendant une heure, mais dès que je la lâche, elle s'en va. C'est pour ça que je vous écris de mon lit, c'est moi qui couve pour l'instant et je peux vous dire que si les œufs sont pas bons, faudra m'indemniser pour les 12 jours d'incapacité. Je peux plus rien faire d'autre que dormir et lire le journal et ça arrange pas les voisins qui me font les courses et la cuisine.

En espérant que vos troupes d'occupation ne resteront pas trop longtemps dans nos contrées, je vous prie d'agréer mes respects et j'espère que ma lettre vous trouvera de même,

Ernestine Chasseboœuf

P.S. : Si vous avez un imprimé pour les dommages de guerre, vous pouvez me l'envoyer au cas où les œufs écloraient pas, je vous mets une enveloppe pour ça.

Ernestine Chassebœuf *le 8 décembre 1999*
49320 Coutures

à Monsieur le Directeur des
Chaussures Méphisto

Monsieur le Directeur,

C'est pour une réclamation que je vous écris. C'est pour mes vraies chaussures de moine que j'ai depuis le mois de juillet. C'est comme des nu-pieds, mais je sais que c'est des vraies parce que je les ai trouvées dans la poubelle devant l'abbaye de Solesmes quand j'ai fait le voyage en bateau sur la Sarthe avec les cars Bochereau. Je suis restée deux heures à la porte pour qu'ils me chantent juste un petit cantique, mais rien à faire et j'ai failli manquer le bateau. J'ai quand même ramené ces chaussures-là qu'avaient été jetées, je me demandais pourquoi, mais maintenant je sais, c'est à cause d'un défaut qu'elles ont. Au début ça va, mais quand on les porte longtemps, il y a un rivet qui fait un trou dans la peau à force de frotter. C'était tout écorché et j'ai bien eu peur d'attraper une maladie de moine, mais avec la pommade à la cortisone, j'en suis venue à bout. Je voudrais savoir si vous pouvez me les changer, c'est sûr qu'elles viennent de chez vous puisque c'est imprimé Méphisto sur le cuir. Si vous m'en envoyez une nouvelle paire, mettez moi plutôt du 42, le 46 je nage dedans même en serrant les boucles, je suis obligée de mettre des grosses chaussettes avec, remarquez que ça me protège du rivet, mais dans le bourg tout le monde regarde mes pieds et c'est gênant.

Pour le colis, vous avez mon adresse, bien sûr je vous rembourserai les timbres,

Je suis dans l'attente de votre envoi et j'espère que ma lettre vous trouvera de même,

Ernestine Chassebœuf

Ernestine Chassebœuf le 16 décembre 1999
49320 Coutures

à Monsieur le Directeur Triballat
à la laiterie de Rians

Monsieur le Directeur Triballat,

Comme d'habitude, j'ai été déçue par une chose que j'ai achetée au supermarché. Mes desserts, je me dis toujours que je devrais les faire à la maison, mais j'ai vu l'image de la crème brûlée sur le paquet et ça faisait envie. C'est pas crème brûlée, c'est crème à brûler par soi-même qu'il fallait écrire puisqu'elle était pas finie. Remarquez, vous livrez ça avec le récipient et le sucre, c'est honnête, mais si le pâtissier nous vendait une livre de farine et trois œufs en disant que c'est du gâteau, il aurait la répression ~~au cul~~. sur le dos.

Comme j'avais plus de carbure pour la finir à la lampe à souder, je l'ai mangée nature, je garde le sucre pour offrir, moi m'en faut pas avec mon diabète.

Je suis pas de celles qui dénoncent, mais faites quand même attention à vos réclames qu'elles soient pas mensongères. Je garde le ramequin en verre puisqu'il est pas consigné, et même s'il fait moins de 12 de diamètre. Si vous avez un dessert qui fait 12 ou plus, écrivez-moi-le, je vous envoie une enveloppe timbrée.

Vous pourrez mettre les 2 billets de 20 avec, pour le concours des codes à barres à rembourser. Comme j'avais pas de papier libre, je les ai collés sur une feuille de papier à lettres : j'espère que ça vaudra quand même. Si vous en voulez d'autres au même prix, je peux bien vous en trouver deux douzaines par semaine même sans sortir de chez moi.

Dans l'attente de votre réponse, je vous envoie mes salutations distinguées et j'espère que cette lettre vous trouvera de même,

Ernestine Chassebœuf

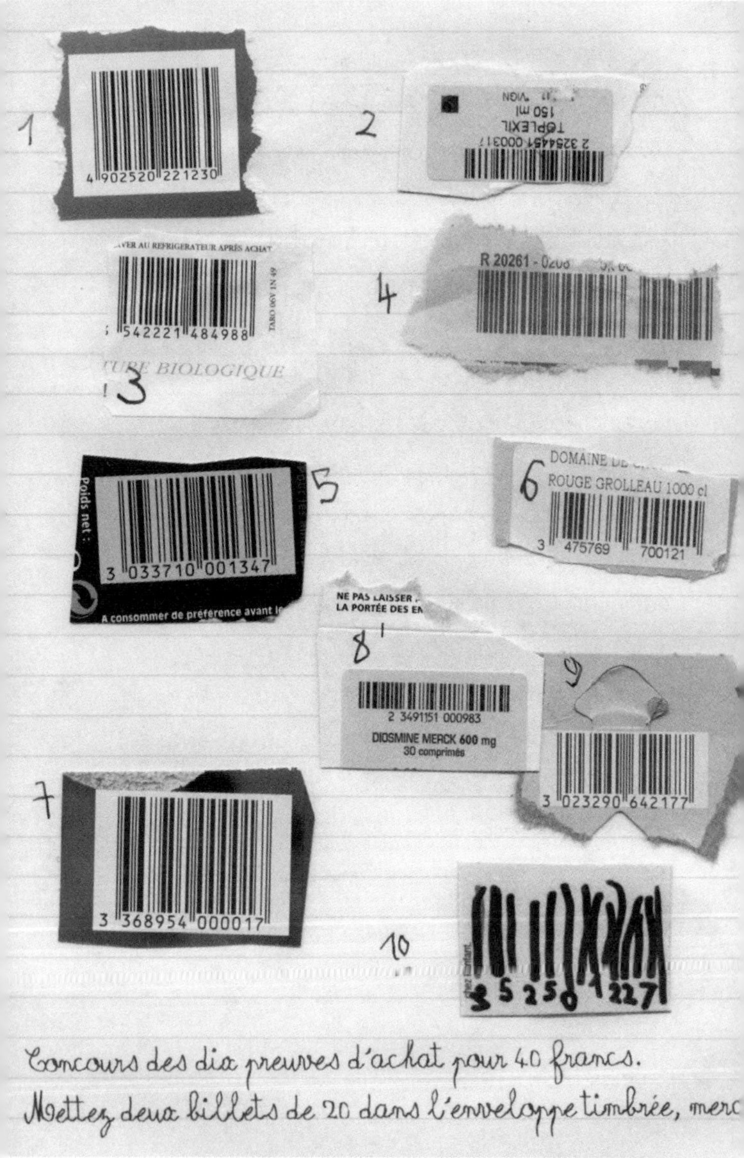
Concours des dix preuves d'achat pour 40 francs.
Mettez deux billets de 20 dans l'enveloppe timbrée, merc

Ernestine Chassebœuf *le 20 décembre 1999*
49320 Coutures

Monsieur Jean le Brun
à Radio France-Culture,
le soir vers 7 heures

Monsieur,

J'ai appris par mes voisins comme quoi vous auriez parlé de moi à votre radio l'autre soir, en supposant que je n'existais pas. Je peux vous confirmer que j'existe et depuis de bien longues années. J'écoutais Zappy Max et la famille Duraton que vous étiez sûrement pas encore né, alors inutile de pas croire en moi, ça pourrait bien me porter malheur.

L'autre jour, c'est pas de chance j'écoutais un autre poste à cause de mon antenne : comme j'habite dans un troglodyte, j'ai mon jardin au-dessus de chez moi, alors j'ai glissé un fil de cuivre par la cheminée pour pouvoir écouter France-Culture quand c'est la Bocolini, la bourse ou le sport sur France-Inter. En même temps, depuis l'été, je l'ai enroulé autour de mes pieds de tomate, le cuivre c'est bon contre le mildiou ; depuis que j'écoute France-Culture, j'ai jamais eu la maladie sur mes tomates. Malheureusement, l'autre jour quand j'ai arraché mes tuteurs, j'ai rangé le fil et j'ai pas trouvé le temps de le remettre. Les voisins sont bien venus me dire qu'on parlait de moi en radio, le temps que je redéroule mon antenne, c'était foutu, ça parlait déjà de quelqu'un d'autre. Alors si vous pouvez m'envoyer une cassette, je trouverai bien quelqu'un avec un appareil pour me la faire écouter.

Votre émission, j'aimais mieux quand c'était le matin, les gens qui se lèvent tôt sont bien plus intéressants que les couche-tard, enfin c'est mon avis.

J'attends la cassette, le facteur me connaît, rassurez-vous elle sera pas perdue. En attendant, je vous envoie mes salutations,

Ernestine Chassebœuf

Biographie d'Ernestine Chassebœuf

1910 : Naissance à Botz-en-Mauges d'Ernestine Troispoux.
1919 : Naissance d'une petite sœur.
1920 : La famille s'installe à Rou-Marson.
1922 : Communion solennelle. Perd la foi après une intoxication à la kermesse paroissiale. Va au patro de l'abbé Foinard.
1923 : Certificat d'études, reçoit un Larousse.
1928 : Mariage avec Chassebœuf, né en 1898, revenu des Balkans en 1920. Son ancêtre Joseph-Marie est mort assassiné par les royalistes au combat du Pont-Barré le 19 septembre 1793. Toute la famille part à Botz-en-Mauges. Va au cinéma *Jeanne-d'Arc.* Lit *les Veillées des Chaumières.*
1931 : Communion de sa petite sœur, le même jour que Jeanne Cellier.
1932 : Mort de sa grand-mère.
1937 : Ouvre un CCP avec son mari pour acheter la Citroën. Va à Paris pour l'Exposition universelle.
1944 : Tricote des passe-montagnes pour les aviateurs américains.
1947 : Noces de cretonne.
1953 : Son amie Colette part de Botz avec le fils du ferrailleur Taugourdeau.
1957 : Noces de velours.
1970 : Mort d'Edmond Chassebœuf.
1978 : Second mariage.
1979 : Second veuvage. Le carillon s'arrête, elle n'a plus de Citroën et décide d'acheter une Minicomtesse.

1995 : Voyage en car au mont Saint-Michel.

1999 : *Janvier* : Ernestine rend son téléphone et se remet à écrire.

Mai : Arrête de fumer et ne mange plus de viande.

2000 : *Avril :* À la suite d'une lettre envoyée à France-Culture, elle est sollicitée par Jean Lebrun pour écrire des lettres aux invités de l'émission Pot-au-feu. L'expérience s'arrêtera en juillet.

Mai : Scandalisée par le projet de prêt payant dans les bibliothèques, Ernestine envoie des courriers aux écrivains qui se sont prononcés en faveur de ce projet.

Octobre : Publication de *La Brouette et les Deux Orphelines* (Ivan Davy/Deleatur), recueil de lettres aux écrivains partisans du prêt payant.

2001 : Depuis janvier 2001, le site Internet du *Matricule des Anges,* www.lmda.net, publie régulièrement des lettres d'Ernestine.

Février 2001 : Elle lance une pétition pour la reconnaissance de son cousin putatif *Jean-Pierre Brisset.*

2002 : Parution de son *Glossaire du patois des troglodytes-du-dessous* (Deleatur).

Habite une maison semi-troglodytique avec les ouatères dehors.

Lit *Point de Vue, Le Courrier de l'Ouest* pour les avis d'obsèques et *Charlie-Hebdo* quand on le lui prête, écrit des poèmes.

Livre de chevet : *Les Deux Orphelines.*

Écoute France-Inter et son phono, et regarde la télé chez les voisins. N'aime pas faire le ménage, aime observer les oiseaux et fouiller dans les dépotoirs. Fait ses gâteaux elle-même. Fait des photos avec un kodak et tape à la machine. Aime le fromage au lait cru, celui qui pue. Élève quelques poules, cultive son jardin.

Maladies : Cataracte, diabète, phlébite (1997), arthrose aux poignets, pieds gonglés, insomnies soignées au tilleul. Prévoit une opération de la hanche. Soignée par le docteur Bourgeon.

Famille : Un petit-fils, qui habite pas loin de chez elle : il tape ses lettres sur son ordinateur et lui passe sa carte de crédit pour les retraits au Crédit agricole ; a aussi des petits-neveux en Gironde, sans compter des voisins serviables, qui ont son troglodyte en viager.

Cet ouvrage publié par Ginkgo, le quatrième
de la collection Biloba,
a été achevé d'imprimer en août 2003
Par la Nouvelle Imprimerie Laballery
58500 Clamecy
Dépôt légal : août 2003
Numéro d'impression : 307159

Imprimé en France